검은 꽃을 보는
열세 가지 방법

심우기 시집

문학의전당 시인선
165

검은 꽃을 보는 열세 가지 방법

심우기 시집

문학의전당

시인의 말

긴 터널을 빠져나온 느낌이다
늘 오늘을 깨어 있자고 생각하지만
기억이 생생하지 않다
흔적의 파편이 묻은
기억을 만지작거리며

오늘 이 순간
오지 않을 영원과 사랑을
기다린다

2013년 가을
심우기

차례

제2부 흰 자작나무에 살이 오를 때

제3부 얼굴 없는 미묘한 말

제4부 구름의 신발

제1부 우설(牛舌)

우설(牛舌)

자기 혀를 씹어 피가 울컥울컥 목구멍으로 넘어가는 저녁

담백한 몇 마디만 혀 위에 올려놓고 굴리다 만 울음 같은 소리 두서넛

짙은 육즙 다 빠지고 돋은 혓바늘로 쓱쓱 문대던
나무 기둥에 박힌 붉은 서녘 하늘 그림자
베어 물다 만 사과 속 같은 조각달을 훔치는 소의 혀
기름기 하나 없는 편육을 씹으며
풀을 뜯고 여물 씹던 까칠했던 매 끼니가 목에 콱 막혀
자기 혀를 질끈 씹고 만다

새들의 저녁

저물녘의 새들이 노을을 쪼고 있다
강이 흘려보낸 생을 고개 숙여 반추한다
산들은 침묵의 불 밝히고
다 뜯긴 노을은 산 너머로 가라앉는다
시간의 바퀴에 휘감긴 물뱀
몸이 찢겨도 그의 본성을 잃지 않는다
죽어도 한 번 문 것을 놓지 않는다
새들은 날며 먹지 않는다
저녁을 태우는 솔가지 연기가
시끄럽던 새소리를 재운다
서서히 길을 지우는 정적
어둠이 새 귀를 막는다
느리게 움직이는 눈동자
환영처럼 출몰하는 빛
역류의 강을 따라 침식하는 이포둑
일렁이는 침전물
새들이 낮게 난다
세상에 부유하는 것들을 물고서

빈 들에서

연어가 하늘을 난다
또 다른 정착을 위해 지느러미에 힘을 싣는다
떠나가는 것은 늘 혁명이 일어나는 시간이다
보슬보슬한 흙 속엔 반동을 누르고 죽음을 이기고
부활이 일어난다
잠들어 있거나 죽은 것은 아니다
세상엔 때론 단절과 파편이 필요하다
희망 없는 자들에겐 시작이 될 수 있다
의미 잃은 기표와 저항 없는 몸짓과는 달리
풀은 말없이 저들의 시간을 지키고
나무들은 자신들의 시간을 즐긴다

물 옹기

뒤뚱뒤뚱 걷는다 아슬아슬 걷는다 이마에도 흐르고 뒷목으로도 흐르고 가슴을 적셔가면서 엎을까 깨질까 두려워서 무서워서 다 채울 옹기는 엄청 커가지고 길을 걷는다

물을 긷는다 연신 긷는다 두레박이 우물 바닥 긁으면서 오르다 미끄러져 물을 흘리면서 긷는다 차고 넘치면서 긷는다 도르래 줄 걸린 길이만큼만 긷는다 오는 길보다 가는 길이 더 힘들다고 긷는다

첨벙첨벙 걷는다 주룩주룩 걷는다 차마 내려놓지 못하고 쉬지도 못하면서 걷는다 하기도 싫으면서 눈을 질끈 감고 이를 악물고서 반만 채우고 가도 될 옹기를 머리에 이고서 길을 걷는다

꼽추 춘자

반쯤 접고 세상을 본다
그림자도 딱 반이다
바닥이 품은 낙타의 등,
반지하 방에서 엄마 기다리는 아이에겐
해갈하는 물이었다

하루를 꼬박 접었다 펼쳐 보이는
저녁이 오면
초승달을 베어 문 사과 빛이 반짝이고
굽은 등을 눕히는
굽이굽이 돌아가는 반지하 어둠 속
잰 발걸음으로 짧게 길을 끊는다

미스터 엘리엇, 무엇을 할까요?

추방자들이 더는 발 디딜 곳도 없는 해안선
여자들이 길게 뻗은 허벅지를 햇볕에 노출하며 걷는 거리
온종일 달구어진 아스팔트 거리를 걷는다
네모난 상자의 집들 사이로 살아 있는 생명을 찾아 기록하는 노숙자
힐끗 엿보는 눈동자 뒤로 의식의 뒤통수 돌아본다
값비싸 보이는 명품 뒤로
비틀거리는 빌딩 기우는 간판
어떠한 폭탄도 쏟아지지 않는 도시에서
수많은 사람이 피 흘리며 실려간다
패배자란 낙인을 가지고 사라지는 사람
변두리의 노점에 달라붙지 않는 행운처럼
그릇도 떨어져 깨지지 않고
초침은 가지만 시침은 움직이지 않는 시계가 시청 중앙탑에 걸려 있다
보기에는 아름다운데 탈 수 없는 유람선
푸르게 잘도 컸는데 밟을 수 없는 잔디

유명하고 훌륭하지만 만질 수 없는 악기들이 전시회에 많다
양분을 잃은 굳어진 땅엔 한 삽도 들어가지 않는다
이너 서클 회원만 가는 커다란 교회에서 종이 울린다
십자가에 붉은빛이 들어온다
도시에 내리는 어둠과는 아무 관련이 없다

내가 모르는 한 명의 여자와 두 명의 남자가 말쑥하게 정장을 입고 있다
회색빛 고급 승용차를 각기 몰고 카페베네의 커피를 담배처럼 빤다
아무것도 일어나지 않는 도시 속에서
원인과 결과 없는 이야기만 가득 찬다
술을 끊은 남자는 슬픔을 어떻게 달래야 할지 모르고
동반자 없는 여행길에
잃어버린 친구의 이름과 전화번호를 찾지 못한다
길 가장자리에는 잡풀들만이 산다
도시 변두리에는 밀려난 허풍선처럼

내려앉지 못한 꿈들이 나뭇가지에 걸려 있다
바람이 불어주기를 태풍이 오기를 기대하지만 늘 빗나간다
강둑을 넘지 못하던 강물에 물꼬를 트는 선지자 혹은 광인은
예정된 날의 부활을 기억하지 못한다
분분한 억측과 거짓 유언비어가 대신한다
반쯤 꺾인 나무에도 싹은 나서 산다
죽기는 쉽지 않다

말뚝

어린 흑염소에겐 힘은 말뚝이다
뿔이 나고 털이 억세져도
말뚝의 끈을 넘지 못한다
강한 뒷다리와 넓은 어깨로도
뽑지 못하는 말뚝은 신
늘 지는 싸움인 줄 알지만
고집은 염소 고집
돌아와 빙글빙글 돌다
제 목을 감아 옴짝달싹 못하게 될지라도
갈 데까지 가고 본다
밧줄의 길이만큼이 세상인 염소에게
말뚝은 세상의 중심이다
권력이다
그래도 염소는 뱅글뱅글 돈다

이종 격투기

짧게 두 번 그것도 한 번만
정망 고통스러우면 여러 번
목이 조이거나 팔이 꺾여 뼈가 우걱우걱 부러지는 소리 들리면
바닥은 바닥을 향한다
바닥이 두드리는 그곳이 바닥이다
싸움에 졌다
고공 농성에서 내려오는 발걸음이 휘청인다
인대 늘어나는 소리 삐걱 들리면 참았던 비명이 눈에서 쏟아진다
눈물보다 피가 먼저 튀기는 것이 이 게임의 규칙
상처 난 곳을 더 때리고 덧난 곳에 흐르는 진물을
마르기 전에 더 쏟게 하는 싸움
죽지 않을 만큼만 때리고 차서 혼절이 넘치는
가쁜 숨이 사각의 링에서 출렁인다
당겨 오지 않는 종소리
멀고 먼 길을 돌아온 듯 응원과 함성이 메아리친다
패자에게 지면과 티브이에 과분한 야유가 넘친다

검붉은 눈자위에 부어오른 눈두덩이 시야를 덮는다
소리도 덮인다 먹먹(墨墨)
온 사방이 바닥이다

순례자

등 푸른 물고기,
청어가 뛰어드는 북극 바다
붉은 피 철철 흘리는 뜨거운 입김들
베링해협을 뚫고 나온다

지구를 한 바퀴 돌아
태양에 달구어진 물에 언 몸을 녹인다
해동하는 물고기
아가미에 붙은 얼린 거품을 털어낸다

호탕하게 튀어 오르는 꼬리
바다를 가르는 푸른 지느러미
빙산이 발등의 물을 휘젓는다

시간의 깜박임*을 관통하는 맑은 눈알
빛을 투과하여 입에 문 방랑 조각을 풀어놓는다

세상의 끝을 다녀온 자들의 순례

아무도 묻지 않는다
거친 호흡 그것으로 족하다
상처 난 비늘이 떨어진다
북극해와 태평양이 서로 섞여든다
다시 순례자의 길이 바닷속에 열린다

---

*스웨덴 시인 토마스 트란스트뢰메르의 시「prelude」에 나오는 구절.

야행성 나방

불을 향해 뛰어드는 교미가 있다
본능이 불을 삼킨다
나방의 집착은 맹렬하다
광적인 맹목이
가로등 아랫목까지 어둠을 조이고 있다

나방은 어둠을 품는다
죽음과 불이 일치가 되는 마지막 척후의 비행
어둠을 배신한 나비는 모른다
누가 변태이고 변종인지

등불을 에워싼 수북한 주검이 밤마다 돌진한다
무대 위 춤이 겹겹이 두터워진다
나방의 날개를 잡은 엄지와 검지에
야행의 분가루가 떨어진다
선명한 나방의 꽃등이 새겨진다

불을 먹은 나방이 꽃을 뱉는다

더욱 커지는 불길

야행성이 몰려들어 꺼지지 않는 불을 키운다

거울 속의 소음

1

숫눈에 놓인 발자국 위의 발자국
빙원의 눈밭에 북극곰 세 마리가 먹이 사냥 길을 그린다
얼음 바다에 갇힌 고래 한 마리 얼음 피를 흘린다
왜 모두 소음이 될까

2

아침 화장하고 옷단장을 한 후 거울에 묻는다
거울아 거울아 세상에서 누가 제일 예쁘지
대답 없는 거울
어차피 듣고자 하는 것이 답이 되지 못한다는 것을 아는 거울
질문하는 사람은 답을 안다
누군가에게 확인하고 싶을 뿐이다

3

소리는 밝은 데보다 어두운 곳에서 잘 들린다
눈을 감으면 더 잘 들린다

소리는 빛에게 눈을 감는다
거울이 문을 닫는다

4
치렁하게 늘어뜨린 검은 머리카락이 거울 속에 끼었다
그냥 그대로 자라나는 머리칼
있는 그대로를 반사하고 싶은 속성과
후면의 속을 투영하고 싶은 욕망이 거울 속에 꽉 차 있다
시간이 부옇게 거울 화면을 가린다

5
입은 다물었어도
한 편에서 다른 편으로 왔다 갔다 하는 생각
단순해지려는 마음을 비추는 거울 속
한 알의 씨앗 같은 남자
입을 틀어막고 왜소하게 서 있다

죽음의 잠

찬란한 변태를 위해 잠을 탄다

사흘을 죽자 사자 먹고 하루는 쥐 죽은 듯 잠을 잔다
일령이 지나고 또다시 이령이다
깨끗한 뽕잎만 먹고 삼령이다 자꾸 커지는 몸집
사람이 태어나 이십 배의 몸이 되는 동안
누에는 만 배가 된다
잠자기 전 비대해진 몸에 부화의 꿈을 꾼다
하루의 긴 잠
잠의 끝에 오는 탈피
여러 장의 허물을 벗는다
쏟아지는 찌꺼기와 오물
비워야 하는 번데기의 우화를 위해
몸 안에 둘둘 감아 놓았던 흰 실을 풀어내자 비단길이 열린다
혜초가 걸었던 황하와 고비사막을 지나 히말라야 준령을 넘어
마른 미라가 될지라도 걷던 길

해골바가지 두드리며 갈증을 해갈하기 위해 두 발목 태워들고 걷는다
천오백 미터의 실이 다 풀리자
거뭇한 실패의 뼈만 남아 구른다
실을 자아 막을 치고 십 며칠의 번데기가 되어
꾸는 삼십 일의 꿈
천 년 전에 꺾인 이카로스의 날개,
날기 위한 날개를 펼쳐 수면에 붙어 떨어지지 않는다
죽기 위해 퍼드덕거리는 짠한 섹스

깨어날 수 없는 깊은 한잠
푸른 沼에 누에나방 한 마리 비친다

만 번의 죽음을 넘고서 드디어 산 나비를 본다

가시 복어

확장난의 주머니 가득
물과 공기를 채운다
커지는 복어
한입에 먹을 수 없는 가시 복어
옆으로 누운 가시를 세운다
돌아서는 포식자의 주둥이를 문다
도망가는 포식자
몸 안에 독을 키우는 물고기
불가사리와 납작벌레로 독을 만든다
얇은 복어회 한 점
그 한 점에 독이 있을 수 있다
희석하기 위한 물 서 말
경혈을 질러 마비시킨 복어 독
의식은 말짱하다
죽음의 공포가 배로 펍펍 커진다
복불복*
커지는 베팅
목숨을 걸고 먹는 복어

독이 강할수록 맛나다

---

*복불복 : '복분(福分, 복을 누리는 분수)의 좋고 좋지 않음'이라는 뜻으로, 사람의 운수를 이르는 말.

한 장의 스웨터

밤새 불멸을 짜 만든 털실
모양을 갖추기도 전
풀어져 보푸라기 인다
술술 풀어지는 동면
서서히 조였던 나무의 태엽이 풀어진다
시계추에 매달린 긴장의 끈이 끊어진다
굴러가는 태양
같이 돌아가는 실 뜨개
구르며 따뜻해진다
폭신한 오후
격자무늬 창틀에 갇힌 지난 낙엽이
바동대다 부서진다
뜨다 만
남은 한쪽 팔을 채우는 허공
볼을 갖다 대면
음매 하고 일어서는 캐시미어 양털
포근한 실
정전기 일어나

두 손 가득 얹히는 뜨겁고 단단한 심장 하나
펄떡인다
길게 빠진 올 하나
먼지 불며 다시 감긴다

쓰나미 봄, 後

꽃 피고 지는 4월이 오면
물에 쓸려가던 젖은 꽃잎이 떠오르겠지요
빠른 물살에 휩쓸려가면서도
바닥을 잡고 손을 놓지 않던 꽃잎이
꽉 쥐었던 손아귀가 빨갛게 부풀어 오르겠지요
꽃잎 열기 전의 봄
바람은 살살 꽃잎을 열라고 살살 꾀었겠지요
세찬 물보라에 퍼덕이며 꿈틀대는 가여운 이파리 한 장이면
먼 여행 함께할 수 있을까요
꽃 피던 날들이 있으면 꽃잎 지는 날들이 오는가요
화사한 色만 기억되는 날
속 쓰린 배를 쓰다듬으며
산수유나무 아래 가지에서
헤벌쭉 입을 벌리고 굼벵이 날름 삼키는 어린 새의 부리처럼
한 장의 꽃잎 두 장의 꽃잎을 먹어요
앞가슴이 가려워 긁다 보면

움이 나오는 가슴팍에서 몇 송이의 꽃들이 피어나겠지요
햇살에도 흔들리지 않는 꽃들의 강한 이빨을 보아요
콱 문 입술 사이로 샛노란 침이 흘러나와요
꾸역꾸역 붉은 혀 가슴에서 쏟아져요

부레옥잠

자그마한 웅덩이 속
넓고도 깊게 내린 뿌리
검은 물이끼 삼키고서 햇빛에 반짝인다
장구벌레의 자맥질에 물 파장이 인다
부레의 길 따라 물속 유충들 고요에 빠져들고
바람이 스치고 가는 물 표면
하늘의 구름이 비친다
웅덩이 작은 세상에도 집과 구름이 있고
나무와 풀들이 산다
수중과 천상을 가르는 그 사이,
수면을 바닥으로 삼은 풀
물속 진기를 다 마신 부레옥잠이
연한 보랏빛 꽃을 퐁 틔어낸다
깜짝 놀란 모기 세상을 난다

제2부 흰 자작나무에 살이 오를 때

낫

무수한 볏단과 수풀을 내리친 날카로운 서슬을
한 마리 개미가 걷고 있다
그가 걷는 길은 시퍼런 불길
그것이 고비인지 한 판의 놀이인지 아니면 사지의 길인지 한 치의 망설임도 없다
다만 묵묵히 걸을 뿐
곡선의 예리한 날 안에 든 단단한 수직들, 원심으로 잘린다
한 손에 들어와 버티던 것들이 한 밑동씩 쓰러진다
볏단이 쓰러진다 소소소 낟알이 떨어진다
풀이 넘어간다 풀씨가 풀풀댄다
응달에 숨은 벼메뚜기, 밥그릇 잃은 벌레들이 후두두 뛰쳐나가는 들판
허공을 향해 한 번 내리친 한 획의 낫질에
또 하루가 객혈을 하는 어스름
한 터럭도 되지 않는 수평만이 걷는다
느릿느릿 걸어간다

사막여우

사막의 시작은 어디이고 어디가 사막의 끝인가

커다란 귀로 삼킨 사막의 열기가 밤으로 차가운 사막을 덥힌다

별보다 더 많은 모래가 바람의 문양으로 흘러
묻힌 모든 것이 모래로 변하여 숨을 쉬는 열사

숨은 전갈과 도마뱀을 물고 하루에도 수차례
폐허로 잠긴 성벽을 세웠다 무너뜨리는 반복이 교차한다

허상의 국경에서 압수 수색당하는 카라반 대열의 꼬리
굶주린 사막여우가 따라붙는다

바람의 냄새로 오아시스를 찾아 사막을 건너는 붉은빛 여우의 귀는 밝다

사막이 되지 못한 죽은 낙타의 등뼈에서 한 포대의 모래

가 쏟아진다

파도 파도 퍼지지 않는 구덩이에 새끼들을 낳고 기르는 일과
척박의 바람이란 또 하나의 신기루를 쌓는 일

울어도 들을 자 없는 사막에서 울부짖음은 자신의 그림자를 밟는 일이다

침묵이 바람처럼 파고든다
몸 안의 말들이 모래처럼 슬어간다

허기진 여우의 검은 눈빛이 더욱 빛나고
지도와 경계가 의미를 잃어 모래 알갱이에 파묻힌다

작은 모래 한 알이 거대한 사하라를 옮긴다

어떤 사람

폭설이 오고 눈은 단단하다
아이들이 만드는 사람은 단순하다
구르는 길만큼 삶이 되어 선 사람
조막손들이 만든 사람
환하게 밤을 지켜 새우는 사람
혹한의 바람 불어 더욱 살찌워가는 사람
땅에 박혀 옴짝달싹 못하는 사람
부서져 보면 안다
몸 안의 흙터
깨져 보면 안다
텅 빈 속
싱거운 사람
그러나 단단한 사람
볕 드는 날이면 흔적조차 감추는 사람
차가운 습기만 있던 자리 남기는 사람
이름도 없는 사람
슬픔도 기쁨도 없는 사람
그렇지만 옹골진 사람

추워지면 더 단단해지는 사람

누가
그의 머리에
밀짚모자 씌워줄까

풍구

바닥으로 숨을 쉰다

날숨 따라 먼지와 검불이 날린다
쭉정이를 거르고 알곡을 고른다
우렁찬 아이들 대답 소리처럼 떨어지는 낟알

화덕 장작에 꽃이 핀다
어둠에서 환한 꽃들이 피어오른다
나무는 죽어서도 꽃이 된다

재를 날리고 불씨를 키우는 커다란 호흡

길게 숨을 쉴 때마다 뒷방 곰방대 두드리며 큰 어른으로
마른기침 뱉던 커다란 감나무처럼
날개 돌 때마다
겨와 먼지 같은 쓸데없는 소리가 빨려 나간다

바람구멍으로 화덕 아궁이의 커다란 입이 웃는다

환하게 불 밝히는 화로
푸드덕 살아 오르는 불꽃

낡은 손잡이를 잡는 손
바닥에서 바닥을 고른다

얼굴을 떠난 불의 주둥이가 씨익 웃는다

결빙

맑았던 물이 얼어 물속을 보지 못하게 될 때
사람의 눈물도 단단한 결정으로 굳어버릴 때

나는 나대로 당신은 당신대로
서로의 마음은 보지 못하고 단단해진 뼈만 쓰다듬는다
쿨렁거리는 피와 살이
눈물을 만든다
집 나간 사람 집 지키는 사람 혼자 노는 아이

서로의 길 가고 있을 때
결국 혼자라고
말끝 하나에도 재갈을 물리는

실금의 그것은 무엇?

달그락거리는 자물쇠
출근길 전동차 칸칸마다
굳게 채워진 지퍼들로 그득하다

또 다른 사냥

차가운 총구가 불을 뿜었다
뜨거워지는 총신
귀를 찢는다
구멍 뚫린 새의 몸에 깃털이 지나간다
총 맞은 자리에 새의 온기가 피처럼 번진다
일시 울부짖는 새 떼
새들은 죽음을 슬퍼하기 위해 일제히 날아오른다
하늘에서 하늘로
만장 같은 대열로
탄알을 문 선두의 새가
툭, 떨어진다
일순간에 식어버린 피
말라버린 주검이 인형처럼 구른다
펑펑 터지는 산탄총
광란의 이 잡기
흐트러지는 깃털
도시의 이유 없는 총질이 산에도 가득 찬다

그들은

황토 흙이다
누런 흙을 파먹고 살던 대지의 지렁이
비 오는 날이면 땅거죽에 올라와 뒤집어 눕는다

왕 무덤의 부장품이다
시꺼먼 고양이와 함께 넣어져
살려 달라 애쓰는 동정의 여자아이 울음으로 묻혔다

노비다
아버지의 아버지 때부터 그리고 그의 아들의 아들까지
주인을 섬기는 개와 같은 운명이었다

부역자다
시퍼런 총칼과 죽창의 힘 앞에
묵묵히 끌려가서 총탄과 식량을 나르던 한 마리 나귀였다

노동자다

얼음의 궁전을 넘어 차르를 밀어내 마천루 빌딩 짓고
첨단의 보안 시설이 깔리면 자신은 정작 들어갈 수 없는 벽이 된다

소시민이다
식은 밥 한 그릇을 위해 일을 하고 은행 창구 긴 줄의 끝에 서서
대출과 이자로 평생의 빚 한 짐 싣고 가는 수레바퀴다

바람이다
돌아가 사랑한 것은 언제나
남녘 황토 날리는 고향 흙 한 줌이다

밴드 마스터

푸른 녹이 슨 심벌즈에 꺼져버린 반주가 갇혀 있다
닳은 드럼 안쪽에 허연 거미줄이 파르르 떤다

낡은 조명등은 꺼져 있고
깨진 여운만이 무대 한가운데 남아 있다

낡은 박자는 음이 늘어진다
일렉기타의 차가운 줄에 전원을 넣는다
여전히 차갑게 울리는 비트
낮게 깔리는 베이스

먼지 쌓인 전자 피아노 건반 뚜껑을 연다
마구 튀어나오는 멜로디

드럼 베이스 일렉기타 공기를 자르는 보컬리스트의 고음
자 레디 고 원투 원투 원 차차차
젖혀지는 머리카락 덮이는 눈동자
어둠과 정적을 연다

커튼이 올라간다

쿵따 쿡쿡따 쿡쿵따 쨍—
적막을 일순에 밀어버리는 기타리스트
고음의 보컬리스트 샤우팅을 한다
오 헤이 에이 예

돌아가는 눈동자
박수갈채와 환호성이 물러나 있던 어둠 속에서 나온다
조명이 켜지고 사이키가 돌고
반짝이는 무대 의상에 맞춰 춤을 춘다

오 예에에
쿵짝 쿵쿵따 흑거미들이 황급히 숨는다

이때, 졸던 드럼 채가 툭 떨어진다
불이 꺼진다
먼지가 다시 가라앉는다

울퉁불퉁 탕탕

축 늘어진 가슴에 하얀 버짐이 핀다

환하게 빛나던 시절
저 희고 긴 가슴은 무수한 빨래를 받아 바지랑대에 널었을 터
얼마나 많은 얼굴이
그 복판에서 부비고 울었을까
닳고 닳은 나무 골에 물이 흘러넘쳐 갔다
하얀 거품 튀기며 온몸을 훑던 기억이 지나간다
신나게 훑고 지나가던 빨래판에
터지던 속옷 보푸라기

한창 힘 좋던 시절 다 지나가고
빨래 몽둥이 받아내던 삭신이 늙어 부어오른다
바삭바삭 말라서 오그라드는 등뼈로
목쉰 소리 웅웅거리는 드럼세탁기 뒤편에 던져져 있다

몸 한쪽이 슬어가며 손 한끝으로

자근자근 빨아대던
무수한 손빨래는 다 어디 갔을까
빨랫줄 날리던 흰 기저귀들은 다 어디 갔을까
고린내 뚝뚝 떨어지며 흙탕물 토해내던 검은 양말들

물 한 바가지 뿌리며
탕탕 몽둥이로 빨래를 신나게 두드리면
동네 아낙 활짝 웃으며 소쿠리 한 짐 들고 냇가로 달려올까

소리 없이 돌아가는 드럼세탁기에
바싹 마른 물기 하나 없는
한 무더기의 빨래가 쏟아져 나온다

햇살에 마른 속살 보이던 빨래판 쩌억 벌어진다

흰 자작나무에 살이 오를 때

겨울의 재 속
뒹굴던 뼈에 살이 오른다
동면의 시간을 깨고 죽음을 흔든다
깊은 대지의 속을 깨고 나온 푸른 촉들이 번들거린다

알을 깨고 나온 어린 새가 고요를 쪼고 있다
숫총각과 숫처녀의 첫사랑은 수줍다
그렇게 산은 수줍게 흔들린다
바람과 햇살은 조연으로 들러리다

굳었던 손가락을 펼쳐라
마비되어 절뚝이던 다리를 버려라

얼었던 나무에 생기가 돈다
기름기 하얗게 흐르며 타던 장작의 시간을 떠올린다

멈췄던 호흡을 다시 깨워
몸을 일으켜 다시 걸어라

북극의 쥐들이여

숲에 살던 늑대와 유령은 봄 채비를 한다
겨울잠이 꽃으로 바람에 떤다

현자 책벌레

누렇게 탈색된 고책자에
수백 년에 걸쳐 책을 먹어 치우고 있는 현자를 본다
그의 삶은 한마디로 책이다 그는 늘 책 속에 파묻혀 있다
평생에 걸친 학습
그것도 모자라 대대손손 알에 알을 까서 책에 집을 지었다
한번 파고들면 절대 놓는 법이 없다
그가 좋아하는 것은 방부제가 없는 천연 재질의 책이다
먹어도 뒤탈이 없고 읽어 도움이 되는 책만을 고른다
그에겐 그것이 양서다
양장본의 커다란 지붕을 덮고 조용히 독서를 하는 그의 모습에서
플라톤과 소피스트의 논쟁을 본다
공자와 노자 장자의 도와 예를 듣고
예수와 부처의 심오한 경지를 본다
붉은 밑줄 부분에서 신중하게 읽는다
타액의 흔적이 묻어 있는 부분은 별미다
도서관 시간이 폐점되고 불이 꺼지면

책장의 서가는 잠시 부산해진다
현자의 제자들과 후손들이
저마다 책 한 권씩 잡고 부지런히 맛난 독서를 한다
약간의 갑론을박이 있지만 먹어치울 책은 엄청나게 많다
다툴 일이 없다
세상의 도와 지혜와 진리를 깨닫는데 시간을 아끼지 않고 부지런히 먹는다
먹다가 남은 책 쪼가리가 바람에 슬어간다

거풍

여름 볕 좋은 한낮
윗도리 한 장 바지 한 벌
속옷 한 벌도 마저 벗고
대문도 활짝 열고 문이란 문은 다 열어놓고
몸 구석구석을
마음 구석구석을 바람에 말린다
시장기 같은 외로움*을 말린다

바람이 오른팔을 넘기고 왼팔을 넘긴다
겨드랑이와 사타구니 밑
고약한 냄새를 말린다
오른 다리가 넘어가고 왼 다리가 넘어간다
오른 궁둥이 왼 궁둥이 사이
오래 묵힌 변이 구름 가듯 털어진다
오목한 배꼽 속
무엇보다 가슴 깊은 곳을 말린다
축축하게 젖은 곳
눈물이 마르지 못한 곳

사막에 남은 하얀 뼛조각처럼
꾸득꾸득하게 바삭바삭하게
눈동자에 내가 비추게

---

*법정 스님의 말씀 중에서 인용.

보아라, 감자꽃

썩고 짓물러진 몸의 한 귀퉁이
발아의 기억을 살려 어둠 속에서 푸른빛을 돋아낸다
흐르는 피와 상처 속에서 틔어낸
단단한 저 싹들은 잎이 되고 줄기를 내어
세상을 뒤덮을 것이다
빛도 없이 양분도 변변찮으나
어미의 몸을 먹고서 노랗게 솟아난 발기
종의 보존이라는 발칙한 욕망이 그득한
비닐봉지 안에 썩은 내가 진동한다
갇힌 세계에서 키워낸 꿈들과 희망이란
누군가의 손을 거치지 않고서는
종내 말라 비틀어져 죽은 뿌리의 단단한 껍질이다

살을 도려낸다
죽은 살을 파헤치고 생살을 들어낸다
보슬보슬한 흙에 묻어두고
몇 날 며칠의 긴 어둠의 시간이 흐르고서야
빛을 보는 과정이 수없이 반복되고 피어나는 감자꽃

보이는가

세상의 꽃들이란

빨래라는 과자

바삭하게 구워진 빨래가 손에 잡힌다
살균이라는 이름으로 햇살에 꼬치구이가 되어버린
뻣뻣한 양말과 수건
돌돌 말린 채로 굳어버린 청바지의 주름을 바람이 가져
간다
체취와 땀 냄새를 박멸해버린 과정 지나자
구수한 과자 냄새가 난다
흰색 검은색 빨간색
꽃 모양 체크 모양
줄무늬 과자가 하나씩 나온다
알맞게 구워진 과자들
숲속 과자 집에 수제 과자를 걸어 놓으면
길 잃은 어린아이들이 걸려들 거야
아이들은 하얀 손수건을 머리에 쓰고
노란 잠바를 입고 짧은 원피스에 춤을 추며
맛난 과자를 먹을 거다
자꾸 새어나오는 미소
집집마다 걸리는 과자들

몇 개를 우물거리며 집을 나서는 사람
오늘도 과자를 구우러
사람들이 바지랑대에 올라간다

암벽타기

어두운 숲속을 걸었다
발목을 낚아채는 잠
손을 뻗는 가지들
축축해지는 엉덩이
허연 종아리가 회초리 친다
혀를 날름거리며 다리를 타고 오른다
헤칠수록 무성해지는 풀숲
지상을 꿈틀꿈틀 기어가는 네 발톱
녹슬지 않는 문신
팔뚝과 허벅지에 풀독으로 퍼진다
낮게 깔리는 습
푸석해진 바람에 풀씨가 산 몇 개를 넘는다
길 잃은 산행
산양의 습성을 닮았다
풀이 암벽을 탄다
숨은 날개로 솟아오르는 절벽
간지러운 독
입술이 파랗다

질리도록 씹어 쓴 물만 토해내는 산초가 자그마하게 떤다
걸음만이 뱅뱅 맴도는 숲속
길은 점점 커진다

풍경 안의 목어

수마 눈꺼풀을 떼어내다
커다란 눈알을 또르륵 굴리며 잠을 밀어낸다
한 시진 두 시진 견디고 견디다 보면
잠을 만드는 몸 안의 수액이란 수액은 다 마른다
단단한 목어가 되어
허공 한 줄에 매달려
제 몸의 속을 파고드는 소리를 탁탁 털어낸다
느리다 못해 굳어버린 가부좌
풍경 물고기는 갈고 닦아서
한 덩어리 쇳덩이로 굳는다
바람 한 줄에 딸려가
땡그랑 땡그랑 면경 깨지는 소리로 수마를 쫓아낸다
풍경, 고요한 우물에 돌 하나 던져
울려 나오는 소리를 들이켠다
시원하다
마른 목어와 단단한 풍경이
흔드는 바람을 마름질한다

제3부 얼굴 없는 미묘한 말

바람도 없는데

호수에 물살 이는 것은

키 작은 나무 잎사귀 흔들리는 것은

흰 구름 떠가는 것은

떠나온 길과 떠날 길 보이는 것은

괜한 사랑 그리운 것은

그대는 아는가

바람도 없는데

세상에는*

밤에는 수천만 수십억만 개의 눈이 있지
낮에는 오직 단 하나의 눈만 있다
만약 단 하나의 그 눈빛이 사라진다면
밤하늘의 수천수만 개의 눈도 사라지고
모든 것도 사라지겠지
세상에는 수천만 수십억 명의 사람이 있지
사람에게는 오직 단 하나의 사랑을 준 사람이 있다
만약 그 사랑이 사라진다면
의미를 부여한 세상살이는 퇴색해지지만
또 다른 사랑을 찾아가겠지
정신은 수천만 수십억 개의 생각을 가지지
그러나 진정한 마음은 오직 단 하나
만약 그 사랑을 찾는다면
세상은 외롭지 않을 거야
그래서 죽을 수도 있을 거야

---

*프랜시스 W 부르디욤의 「Light」를 차용.

꽃뱀

등산로 한가운데
똬리 틀고 자리 잡은 뱀
꽃 같은 뱀 집 한 채를 토해내고 있다
흠칫 물러서는 지팡이
절벽의 남쪽은 양지 녘
바람에 꽃 이파리 날리듯
승천하는 꽃뱀
하늘로 날리는 꽃잎
제 꼬리를 물고
돌고 도는 한 송이 꽃
커다란 바위에 가부좌로 두 눈 딱 감은
꽃뱀 한 마리
눈 확 뜨기 전
어서 갈 길 가라
구설과 사족은 필요 없다
캄캄한 도시 구멍 속으로

얼굴 없는 미묘한 말

실체가 없는 몸뚱이에서 의미를 찾아오지
관념은 관념을 낳고 꿈은 꿈을 찾을 뿐
이름 모르는 꽃이 죽어가고 있다
얼굴 모르는 사람이 피 흘린다
수액이 다 빨린 마른 고치
천장을 향해 버둥댄다
남몰래 일어서는 다른 주인
나는 당신과 같은 말을 구사할 수 없어요
기발한 당신의 도발
파랗게 얼어붙은 가을 상추가 반짝인다
선택된 비장한 운명이란
너무 우스워요
너무 진지해 무거워
탈출을 모색하는 물 빠진 쥐처럼
슬픔은 살아남은 자의 것
표정을 가진 것들은 서로 다른 지문을 마주 대보지만 맞는 것은 없어요
어떤 얼굴로 가면에 맞춰야 하나요

이해할 수 없는 글이 책에서 쏟아집니다

책임질 얼굴이 없습니다

난 너무 진부합니다

검은 꽃을 보는 열세 가지 방법

1

어둠의 가장자리에서 피어난다
죽은 것도 산 것도 아닌 모습으로

2

흰 면사포에 꽃으로 둘러싸인 뚱뚱한 신부
사랑은 모든 것을 용서한다
순결의 꽃말과는 상관없는 첫날밤
불은 이제야 꺼진다

3

키 작은 남자와 예쁜 여자
키 큰 남자와 못생긴 여자 모두 조합이다
조합은 어떤 형태로든 맞다
죽음도 그렇다

4

하나와 하나가 만나 셋이 된다

남자와 여자가 영원을 맹세한다
맹세는 맹세일 뿐

5
제도 이전의 연애가 진짜인지
제도 직후의 감정인지
한참 후의 공허가 사랑인지
흙빛이 된 꽃이 묻는다

6
검은 꽃은 겨울에 핀다
흰 눈과 대조를 이루며
얼어 죽어가는 것을 위로한다

7
검은 꽃을 좋아하는 이유는
생소하고 희귀하니까
아니 빛깔인지 꽃말인지

8

꽃이 피지 않는 정원을 뒤엎는다

목이 잘린 꽃대 속

흑빛이 배어나온다

9

부유하는 이야기처럼

현실에 존재하지 않는 천년의 사랑

없는 것을 말하기 좋아한다

10

어둠을 타서 마신

아무도 기억하지 못하는 죽음과도 같은 최면

기억은 잠시다

11

도저히 지상으로 올라오지 않던

지하의 꽃

꽃도 잠시다

12

도시 곳곳 피어나는 검버섯처럼
도처에 번지는 소문들
내 눈에 검은 꽃이 피고 있음을
시력을 잃고서야 안다

13

열두 번의 계절이 가고
열세 번째 달
다리가 하나인 새가 난다
지상에 비친 자기 그림자를 동경하며
태양은 꽃을 피운다
반년의 흑야에 피는 꽃

銀魚

그들이 온다
살기 위해 죽으러 온다
섬진강에 은비늘 반짝이며 뱃살을 가르며 온다

긴 장화 신은 낚시꾼 두어 명이 강 복판에 서서
몸 뒤척이며 신음하는 江 소리를 듣는다
물속에서 마주친 은어의 눈빛은 온통 두려움과 떨림이다

이 악물어 수중보를 넘고
바위를 뛰어넘는 銀 작살이 허공을 뚫는다

끙, 하고 힘을 다 쏟던 강이
드디어 뜨거운 피를 쏟으며 출산을 한다
강 하류 곳곳에 가득한 은빛 물결

어린 투명한 알들이 강바닥을 파고들어 젖을 빤다
눈도 뜨지 못하고 수초와 바위틈에 누워 작은 울음을 뱉
어낸다

新生의 소리를 듣고 이제야 마지막 식사,
물이끼를 뜯는다

몸이 점점 차가워지며 닳은 비늘을 턴다
은어의 숨을 거둬가는 江

일렁이는 물비늘 수의로 강을 덮어가고
물 위에 주검이 뜬다

물고 뜯는 괭이갈매기 울음만
강물이 두 손으로 입 틀어막고 꾸역꾸역 삼킨다

바늘

방 벽에 커다란 대가시 하나 꽂혀 있다

자그마한 바늘귀 열어 놓고
벽과 벽들이 내는 소리를 듣는다

폐부 깊숙이 찔린 아픔
피톨들과 함께 벽 안을 흘러간다

찌르지 못한 반짇고리 속 알바늘들이 몸을 비벼댄다

바늘 눈 속으로 보이는 당신
구멍만큼의 넓이가 전부인 나,
벌어진 아귀를 꽉 다물기 위해
지그재그로 넘던 구멍,
낙타가 지나간다

검은 실 흰 실 청실홍실 줄줄이 따라온다

구멍 지난 쌍봉낙타의 혹이 부풀어 오른다

당신과 내가 매듭지어져 만든 새끼들

그곳이 귀이자 눈이다

사방 벽으로 둘러싼 공간이 부르르 떤다

한소끔 소나기가

한소끔 소나기가 왔네
나팔꽃은 꽃대로 달맞이는 달맞이꽃대로 피어나고
패이고 상처 난 작은 골과 웅덩이에 물이 고이네
잔잔하게 고이네
상처를 어루만지듯
찰랑거리지 않고 호 불어주는 입김처럼
가는 바람 부네
상처가 아물기를 기다리듯
잠시간의 고요가 지나가네
큰 웅덩이 작은 웅덩이 갈라져 물을 주고받네
사이좋은 형제처럼
서로 토닥이는 웅덩이

필흔(筆痕)

살짝 앉았다 갔을 뿐인데
잠시 보았을 뿐인데
짧은 입맞춤과 가슴 떨리는 포옹뿐이었는데
한 해 두 해가 가고
십 년 이십 년이 넘었는데
지금의 이 헛구역질은
소식도 모르고 가슴에 돋아난 흔적은
바람 불어 선명하고
비라도 내려 화끈한 울렁증으로
단단한 울혈, 사방팔방으로 튄다
필사(筆寫)의 욕구가 다시 심장을 파고든다

꾸욱 새겨진다

삼성의료원 심장외과 1754호

밤새도록 울었다
시퍼렇게 멍든 속이 외벽을 탄다
속울음이 끓는다

화장실 창을 타고 넘는 눈물이 있다

벽과 벽 사이의 냉랭함
손가락과 발가락 끝의 서늘함
읽히지 않는 침묵이다

얼어붙은 귓불과 콧등
심장의 끊임없는 펌프질에 결로가 생겼다

어둠을 뚫고 흘러내리는 푸른곰팡이는
벽과 벽이 만든 절벽에서 자란다

벽의 이면에
물기 머금은 스펀지처럼

벽이 밖을 향하여 필사의 탈출을 꿈꾼다

먼 강의 기억을 찾아
새벽마다 피를 토하는 심장실

되돌릴 수 없는 울음이 굴러 떨어진다

썩는 의자

지난해의 낙엽이 아직 부서지지 않고 빨갛게 눈을 뜨는
새벽

나뭇결로 스미는 이슬 몇 방울로 목을 축이고
숲을 쓸고 가는 바람의 소실점이 희미하다

소멸의 지점은 어디인가
집 한 채 무너지는 멸실의 지점은

커다란 호수 한가운데
파문을 그리다 넓게 퍼져 나가는
나무 의자 그림자가 기지개 켜는 구름과 함께 갇혀 있다

길 떠난 이의 휴식이었을 나무 등받이
탈골된 관절이 덜렁거린다

연인의 따뜻한 체온을 기억하던 자리
지금, 흰 곰팡이를 머금은 푸른 이끼가 서서히 주름진

문양을 지운다

의자 위 졸던 흰 나비 드디어 날아간다

뺨 위에 발등이 닿았을 때

발등이
나의 뺨에 닿았을 때
슬며시 고개 돌리는

이부자리 주변
조심히 걷는 발사위에
살짝 안기는 숨결

이슬방울
떨어지는 간지러운 발가락
미끄러지는 발 복숭아

자그락
술렁대는 모래사장같이
뒤꿈치 살금 물고 떨어지지 않는
푸른 이슬 머금은 풀

잠들다 조용히 일어서는

밟혀도 성내지 않고 가만히 눈뜨는

네 발바닥이 볼을 어루만질 때
감춘 혀를 내밀어
갈라진 바닥을 핥으리
개처럼

연극 보기

그녀의 눈은 분수다
펑펑 젖은 눈물이 끊임없이 나온다
듣는 사람도 흠뻑 젖는 전염성은 객석을 잠근다
발밑에 동전 몇 개를 던지며 빌고 싶을 정도로 운다
안 슬퍼도 울고 싶으니까 운다
조명 사이로 암영(暗影)이 몇 지나가고
배우의 가쁜 숨소리가 발밑께에 신발코를 톡톡 친다
너도 울어봐 슬프지
목둘레 흐르는 땀이 끈적끈적하게 번들거린다
사방으로 튀어나오는 배우의 침이 조명을 받아 반짝인다
무지갯빛이었는지 먼지 빛이었는지
침은 어느 방향으로 튀어갈까
허리의 무게감이 온몸을 조여온다
발을 뻗어 보지만 앞좌석에 막혀 출렁인다
허연 맨살의 콘크리트 천장을 훑으며
물 위의 기름종이처럼 내내 떠돈다
어두운 조명과 무감각만 남아 머리 위로 떨어진다
연극은 치닫는 절정이다

죽은 시체가 일어나 말을 하고 행복하게 춤추니까
뻔한 스토리는 졸음을 느리게 끌고 온다

여전히 그녀의 눈은 분수처럼 계속 쏟고 있다
나도 꼭 울어야 하는 저녁인 것처럼

뼈

축 처진 살덩이는 뼈의 집이다
낡은 연골과 근육이 뼈 몇 조각에 걸쳐 있다
뼈는 어쩔 수 없이 뼈대만 잡아간다
간혹 침대에 누워
꺼진 살 속에서 뼈를 찾는다
옆구리 깊숙이 잡히는 늑골의 뼈 한 토막을 만지작거리며
뼈와 나와의 거리를 가늠한다
너무 깊숙이 잡히는 거리는 어둡다
불알 두 쪽 밑을 훑으며 음흉한 냄새에 젖었다가
햇살에 말린 일 없는 기억이 아득하다
물렁뼈에 가죽처럼 일어서 본 적 없는 나는
언제 반란을 꿈꿀 수 있겠는가
가을 이슬이 풀잎의 날을 갈고 있을 때
그들의 발기를 무작정 발로 밟기에는 날카롭다
꺾여도 일어서는 풀등
조각난 뼈를 다시 세우는 저 징그러운 악착은
生을 입에 질끈 물고

해수 위로 올라와 토해내는 해녀의 거친 숨비소리다
햇볕에 그을리고 흙에 치이며 바람에 살이 까인다
단단한 하나의 씨알로 돌아가기 위해
다시 한 번 동강 난 뼈를 더듬는다

첫사랑

쑥국새 한 마리
꽃밭에 숨었다

날개 다친 새인지
다리를 저는 새인지
아니면 배고픈 새인지

꽃밭을 휘저어 봐도
날아오르는 것은 없고
종일 기다려 봐도
보이는 것이 없다

본 것이 맞는 건지
입맞춤을 하였는지
의문이 살짝 드는 저녁 어스름

발자국이 눈에 익다

새는 보이지 않고

꽃밭에서는 울음만 피어난다

도꼬마리

종의 번식에 대한 집념은
한번 달라붙은 인연을 절대 놓지 않는다

서툰 손사래에는 끄떡없고
툭툭 쳐대는 발길질도 웬만해선 다 견뎌낸다

자식 때문에 사는기라

때로는 무시를 당하면서도
천대까지 받으면서도
버리지 못하는 끈끈한 가시 같은 인연

너무 힘들다 싶으면
따뜻하게 손 내미는 사람의 바지에 붙어 훌쩍 떠나고도 싶은데

아무도 찾아오지 않는 요양원에 누워
외로워 스스로 말라버리는 도꼬마리

제4부 구름의 신발

괄호

꽃술 속의 괄호
나무와 나무 사이의 괄호
계곡과 산을 잇는 괄호
건너갈 수 없는 강폭을 메우는 괄호
코와 가슴 사이의 괄호
하늘의 푸른 선 하나를 끌어와 벌린
대지와 하늘 사이의 환한 괄호
괄호 안엔 돼지가 산다
도시 비둘기가 구구대며 둥지를 튼다
나비가 날개에서 꽃가루를 괄호 안에 털어내고
배 밑창이 간지러운 꿀벌들이 괄호와 괄호 사이를 날고
딱딱한 돌덩이 암흑이 미세물질 잔뜩 묻힌 괄호
괄호 안에서 내가 방긋 웃고
괄호 속에서 꽃들이 튀어 나온다

다독증

세밀하게 읽어요
당신의 벌어진 미소 속에 담긴 맛
입은 옷 실 한 오라기
떨어지는 솔 이파리까지 샅샅이 읽어가요
어눌한 말과 날아오는 햇살은 퉁겨버려요
똑바로 오는 것에 대한 거부감
바들바들 떨며 단숨에 수천 권의 책들을 읽어 치워요
시야에 들어오는 것들마다 허기가 져요
거룩한 강단 말씀에서 엄숙한 독경소리까지
이율과 허울의 속내를 읽어요

바람 속에서 냄새를 읽어내요
며칠 전 죽은 돼지 창자를 읽는 것은 상쾌하지 않군요
무형유형으로 난독성 구름이 지나가요

아 빽빽한 눈이 더는 굴러가지 않네요
눈을 감고 귀와 코와 손으로 읽어야겠어요
축축한 습기를 말리는 햇살들이 튀어 올라 지상 일 미터

까지

화살을 쏘고 있어요 푸른 냄새가 코로 들어와 눈으로 갔다 귀로 나가네요

당신이 읽었던 울음이

목구멍으로 손가락을 넣어도 토해지지가 않아요

미친 듯이 집어넣은 다독성 식욕이 끓어올라요

비틀거리는 걸음으로 읽어낼 수 없는 행간마다 나를 비웃어요

끊임없는 공복감이 엄습하네요

나를 열외시키지 마세요

허물벗기

밤이다
안식을 위한 시간이다
해방을 위한 아이온의 세계

무의식을 자로 잴 듯 튀어 들어오는 시계의 초침
탁탁 소리 날 때마다 또렷해지는 기억들
의식이 살아나서
어두운 동굴 구석에서 엉엉 울다가 시계의 건전지를 빼 낸다

침묵과 정적

천장 한구석에서 다른 구석으로
꿈과 형체 없는 욕망이 자유롭게 난다
굳어져가는 시간을 갉아먹는다

열두 시 종이 울리는 순간

육체는 비로소 허물을 벗고
조금씩 세포와 피 그리고 뼈를 바꾸어간다
어제의 나는 죽고 새로운 내가 탄생한다

나는 이제 뱀이다

아름다운 독(毒)

최후의 독(毒)은 나 자신을 위해 남겨둔다

악은 악으로써 없앤다
독은 독으로써 죽인다

눈을 부라리며 악을 쓰며 빠져든다
낮술에 벌건 사람처럼
꽃술에 취한 벌들이 온다

베인 상처는 끈적하다
강한 자도 아름다운 자도 일단 빠지면 헤어날 수 없는 매트릭스
하얀 액즙이 방울져 떨어진다

시야를 몽롱하게 하는 붉은 꽃 이파리 속 노란 꽃술
연체의 뼈와 근육으로 흐느적 녹인다

태양을 삼킨 양귀비

열기가 높으면 높을수록 짙어지는 붉은 화장
삼키면 죽음도 멈추게 하는 독(毒)

벌어진 상처를 꿰매는 액즙이
피를 삼켜 고통을 묽게 한다

내 몸엔 저런 즙이 흘러나오겠지

한때 독(毒)이기도 하고 약(藥)이기도 한

삼킬 것인가 뱉을 것인가
아름다운 독(毒)

종소리

그느드 르므브 스으 하고
어느 산사의 종소리 ㅡ로만 퍼져 나가면
멀리 각과 변으로 서 있던 산들이
느슨한 180도 한 선분으로 눕는 밤
그 선 위의 모든 것을 까만 물감으로
북북 칠하며 산 하나를 넘고
또 산 하나를 넘는
지치키 티피히이 하고
어느 도심 속 종소리 ㅣ로만 쨍그랑거리면
벽을 넘고 집 하나를 타고 넘어 이제는
커다란 빌딩도 훌쩍 넘어
널찍한 광장까지 이르러서는
어찌할 줄 몰라 하며 깡충깡충 건너가는
몸이 걸친 옷 조각
실오라기 한 올 한 올 풀어져
소리를 타고 'ㅡ'와 'ㅣ'로 부서져
뼈와 피로 도로를 넘고 길을 건너
이명으로 울리는 종소리

조그만 가슴속
우로 좌로
위로 아래로 사방팔방
그지느치드키 으 이
뎅 뎅 응 하고 쨍그랑 댕그랑거리며
텅 빈 속을 알 수 없는 낮은 소리로
어느새 꽉 채우고
여운으로 터져나오는ㅡㅡㅡㅣㅣㅣ

프랑켄슈타인 물고기

실험실의 해부된 개구리 뒷다리를 붙였다
죽은 메기의 수염을 붙이고 회 뜨고 남은 광어
대가리에 단춧구멍을 달았다
조각난 살을 메스로 여며 실로 꿰매
붙였다 살아 있는 신경에 전기 충격을 가한다
수중계에 마침내 괴물 하나가 탄생하였다

단춧구멍 눈을 단 물고기
긴 안테나 수염을 늘어뜨리고 무지갯빛 비늘로 헤엄을 친다
단순 반복의 노동으로 영점 영일 그램의 뇌를 가지고 산다
몸에 붙은 불온의 붉은 딱지를 떼어내기 위해
푸른 수초를 먹고 불을 뿜으며 새처럼 물을 난다
어장의 투망에 구멍을 내면
어두운 골목을 찾지 않아도 되고 수정 눈물을 떨구지 않아도 돼

투명한 살에 가시가 무지갯빛 사이로 반짝거리면 친구를 만날까
비슷한 짝을 찾아 플라스틱 지느러미에 힘을 준다
수중을 탐사하는 과학자처럼 물길을 샅샅이 뒤지는 프랑켄
강 상류를 거슬러 올라가면 시원을 만날까
흐린 기억을 더듬어 찾는 길
순간순간 암전마다 멈춰버리는 심장을 좌우로 흔들면서
수면에서의 비상이 보름달 뜨는 밤마다 일어난다
푸른 피를 데우려면 밤새 헤엄을 쳐야 한다
감기지 않는 눈꺼풀에 핏발이 선다
파란 핏줄에 우둘투둘 빨간 피가 돈다
매일 여기저기서 먹을 수 없는 괴물 물고기가 나온다

정확한 침묵

침묵은 호흡의 길이
단칼로 끊어내 버린 만큼의 길이
침묵과 침묵 사이 검은 강이 흐른다
과거와 현재를 삼키는 커다란 입

침묵은 다투지 않는다 강요하지 않는다

무섭고 장중한 침묵의 맛
슬프고 답답한 침묵의 색

침묵의 완급과 길이가 말을 한다
입을 닫은 단 일 초의 순간
상황을 완결시키는 것은 침묵이다

침묵에 갇힌 그림
침묵의 마디와 소절로 연주되는
말러 교향곡 6번 4악장 연주 후 멈춰 선 포디엄*의 지휘자

……

완결과 종결은 침묵이다

색과 색 사이 음과 음 사이 나와 우주 사이
앞에 모든 것은 정조준되어 침묵을 요구받는다
자신을 온전히 읽기 위하여

---

*연속한 낮은 벽. 원형극장의 중앙무대를 둘러싼 가운데 연단.

하와를 꼬드기던 한 마리 뱀

일요일 한낮
풀베기하던 농부 손에 걸린 한 마리 뱀
머리 꼿꼿이 들고
혀 날름거리며 쏘아대는 눈빛 독하다

뾰족한 두 이빨에
심장을 멈출 맹독을 모으고
숨겨둔 날개로 일어서려던 찰나
한 자의 낫에 잘린 뱀 모가지

캄캄해진 뱃속 사방을 더듬다
몸통에서 뿜어져 나오는 검붉은 불, 일렁거리는 대지
꿈틀거리는 비늘마다
불처럼 피가 솟아오르다 가라앉는다

잘린 머리 길섶에 떨어져
보지도 못하고 울지도 못하는 몸뚱이
몸을 덮던 전신 갑주 일제히 요동치며 떨어진다

낫의 날에서 떨어져 내리는 빛나는 불
피를 머금은 땅에서 불꽃이 올라
숲을 태우고 강을 태우고 하늘을 태운다

결림

회전축이 고장 나 서버린 롤러코스터
지상에서 수십 미터 상공의 정지
아찔하지 않겠어
끔찍한 고소공포증이 발끝부터 올라온다
심줄을 끊어내는 고통
바늘로 근육을 찌르는 하늘 들어 올리기
굳어 멈춰버린 소금기둥처럼
녹아내리지 못하는 눈물의 결정체가 천천히 떨어진다
마른 피가 천천히 흐르듯 멈춘 호흡을 당겨간다
잡을 수 없는 허공의 줄
내민 손을 잡아당기지 못하는 인력과 장력의 무산(霧散)
밤이 도마 위에 토막 내어 자근자근 씹히는 불면의 시간이 온다
어깨에 걸친 마(痲)를 소염제로 문질러 발라낸다
파열된 근력을 이어 붙인다
저마다 육신대는 몇 덩어리 무게를 털어내지 못하고
처진 손가락이 땅을 질질 끌고 간다

조용한 심판

그림자와 나뿐인 운동장
한가운데를 가로지른다
일요일 오후의 광장을 건넌다
가장 빠른 직선으로 아무도 없는 공터를
보는 사람도 없는데 뒤가 화끈거린다
무대 위에 혼자 서 있는 피에로처럼
수형을 찬 죄수처럼 조심스럽게 걷게 된다
스스로 심판받는 사람처럼
자기보다 훨씬 긴 그림자를 끌고 간다
눈은 땅에 두고 걷는다
내 안에 있던 검은 그림자
태연히 나와 목을 길게 뻗기도 하고 발을 늘어뜨린다
나보다 더 큰 키를 내세운다
한발 먼저 가는 그림자가 이제 나를 끌고서
조용히 간다
가만가만 작아지는 나
그림자의 그림자인 나
앞서 가던 그림자가 움찔한다

세 신발

세 여자가 발목 두 개씩을 가지고 집에서 나온다

졸린 고양이 구두
발목이 부어오르는 가죽 구두
축축한 단화

빗속에서 밤은 어둠의 깊이를 더해가고
성급한 장대비는 우산 없는 사람 반쯤 넋을 흔들고 북쪽
으로 간다

둥그렇게 선 여섯 발목이
저마다 높고 낮은 구두 굽만큼 젖어가며 웃는다

옆 거울을 열지도 않고 고치는 화장
콧잔등에 맺힌 땀방울이 톡톡톡
우산 창을 때리는 빗줄기 후두두

물은 차오르고

성급한 자가용 전조도 없이 떠나간다

초록색 페디큐어의 열 발가락
민낯의 열 발가락

굵은 발목의 고양이 신발이 반짝인다
가는 긴 발목의 가죽 구두가 따라 웃는다
낡은 평발의 단화가 흙탕물에 젖는다

우산 쓴 세 여자가 길거리에서 헤어진다

빗줄기 퍼부어 신발들이 젖는 밤

물먹는 책

물을 먹은 책이 누렇게 물들어간다
짓물러져 번져간다
잃었던 나이테가 생기듯
한 금 한 금 물을 먹이며
물관과 수로의 기억을 살려내고 있다
책의 반이 넘게 물을 먹고서야
말라비틀어진 순(筍)에 생기(生氣)가 돌듯
손가락 하나라도 툭 대면
터질 듯 나오는 물기, 부푼 속살에서
가지의 길과 이파리의 길과 나무둥치의 길들이
숨어 있다 드러난다
책갈피 쪽수에 새겨 판 글자 사이로
물먹은 종이가 먹먹한 분홍 간지를 적시우고
우둘투둘 자음과 모음이 솟아오르고
행간이 벌어지면서
책갈피마다 붉은 눈물 자국이 배어나온다
엄동설한 뿌리까지 파고들던 추위에 이르러서는
여백의 페이지 몇 장이 훌쩍, 저절로 넘겨진다

반쯤 퉁퉁 불은 책 한 권

꾸역꾸역, 내게 물을 먹이고 있다

그림자 환상

푸른 그림자 조각이 서서히 녹아 나가는 저녁
우리가 알고 있던 것이 사실인지 환상인지
모래 상자 놀이통의 정형이 무너진다
그림자가 아니었던 적이 있던가

밝은 조명 앞에 사라진 그림자
그림자를 밟고 선 사람
짧은 발목 밑
구두 뒤축에 붙어 있는 그림자 조각

그림자 비친 바닥을 긁고 긁어내도 없어지지 않는
손안에 담고 싶어도 담아지지 않는
무게 없는 존재
절대 사라지지 않는 또 다른 영혼의 무게

나무의 그늘
구름의 그늘
돌의 그늘

영혼의 다른 이름들

빛이 있는 한 사라지지 않는 그림자

타인의 발을 빌리지 않고도
몸을 늘려가 길을 찾는 그림자
폴리페서의 우울한 얼굴에 그림자가 올라와 있다

운명은 마지막 하관,
순장의 길에 묵묵히 순응하는
배신하지 않는 동맹

갇혀 있던 그림자가
천천히 걸어 나오는 아침

흑백의 그림자 기지개 켠다

구름의 신발

골목 담장 아래 버려진 낡은 롤러블레이드가 있다
잡풀이 발목을 넣고 있다

하나의 냄새
하나의 음성
나를 직관한다

골목에 두려움이 가득하다
개망초가 호기심으로 둘러본다
꽃이 머리 위에 적막한 손을 얹는다

짙은 냄새가 발등에 엎질러진다
당신을 덮고 가던 구름이 부풀어 오른다

구름이 저마다 뜰채로
잠자리, 나비, 새를 잡으면 하늘에 무엇이 남을까
꽃이 파닥거린다
텅 빈 하늘

구름이 옅어간다

서서히 식어가는 구름의 체온

환절기

봄날의 기후는 코와 목에 먼저 자리 잡는다
무슨 말을 할 때마다 목소리는 칼칼했고
코는 막혀서 맹맹이 소리만 내었다
막혔던 혈로가 뚫린 듯
나무는 수맥을 틔웠지만
감기 걸린 몸은 흐느적댄다
비틀거리는 신발이 황급히
두 발을 신고 넘어가는 태양을 잡아보지만
뒤돌아보지 않는 것이 계절의 법칙이다
어둠에 밀려가는 노을처럼
헛헛한 생각이 물끄러미 찾아들었다
빈 바지랑대는 바람이 둘둘 말려 빙글빙글 대었다
찬 손가락 끝과 발끝이 서로 붙잡고
비벼보지만 온기와 냉기의 경계 지점
이 시기에는 모든 것이 낯섦이다
아이들은 마른 호흡에 기침을 달고 살고
어른들은 눈만 내밀고 먼지를 뒤집고 다닌다
죽음은 너무 빈번해서

놀라움이나 슬픔은 흐린 시야만큼 서늘하다
비워가는 자리를 다음의 계절이 채워가는 동안
솜털이 단단한 가시가 되었다
늙어버린 것은 몸이 아니라 마음이었다
절뚝대는 다리 한쪽이
넘어가는 환절기 뒤꽁무니를 따라간다

호박잎 그늘을 사랑하네

커다란 호박잎 그늘을 사랑한 것이
개미만은 아니었네
가난한 시인도 호박잎 그늘을 사랑하네
먼 산과 바다로 갈 형편이 못 되는 시인은
마을 텃밭 울타리에 올라온 호박 덩굴을
개여울 지나는 줄기 끝
호박잎 그늘을 사랑하네
돌쩌귀에 걸친 해거름을
발끝으로 툭툭 치며 놀다
등 뒤를 미는 노을에 마지못해 웃으며
앞길을 비춰주는 낮달에 이끌려 나오네
가난한 시인에게
당연 가난할 수밖에 없는 아내와
떡잎 같은 아이들 있는 집으로 돌아가네
호박잎은 무럭무럭 커가고
그늘은 그늘을 사랑할 줄 아네

해설

'동물혼(動物魂)'과 시적 주체성의 형성

이성혁 문학평론가

1

독특한 제목을 가진 심우기 시인의 첫 시집 『검은 꽃을 보는 열세 가지 방법』을 읽고 한 시인의 내면이 지닌 복잡성을 생각했다. 물론 시인이 아닌 보통 사람들도 복잡한 내면을 지니고 있다. 현대사회를 살면서 헝클어진 내면을 지니고 있지 않은 사람은 드물다. 하지만 현대인들은 통상 꼬여버린 내면을 어떻게 수습하지 못하고는, 외부의 자극에 기계적으로 반응하면서 애써 그것을 외면해버리려고 한다. 내면의 정동과 사유, 감각을 재료로 언어를 조직해가는 시인들의 경우는 자신의 내면으로부터 도망치지 않는다. 그러나 시인마다 현대적으로 비틀어진 자신의 내면에 대응하는 방식은 각기 다르다. 전통적인 서정시인은 특정한 감정을 중심으로 그 내면을 단순화하고 승화하고자 할 것이다. 어떤 시인은 복잡하게 얽힌 내면의 복잡성을 초현실주의의 자동기술법처럼 진술하는 방식을 선택하여 난해한 시를 낳을 것이다. 심우기 시인의 경우 내면의 복잡성은 다양한 방식의 진술을 낳는 것 같다. 시 제목이기도 한 '검은 꽃을 보는 열세 가지 방법'이라는 어구는 시인이 '검은 꽃'이라는 내면의 상징적인 대상에 여러 가지 방법으로 접근하고자 한다는 것을 짐작케 한다. 이 시의 제목을 시집 제목으로 삼은 것은 그만한 이유가 있을 터, 어쩌면 그것은 이 시집이 펼쳐놓고 있는 다양한 시적 진술 방식을 염두에 두고 읽으라는 것을 독자에게 지시하고 있는 것일 수 있겠다.

심우기 시인은 모더니즘의 세례를 받은 것은 분명한 것 같다. 그의 시세계는 자의식적인 동시에 문명 비판적이고, 또한 이 시집에는 난해하게 구성된 시들이 적지 않다. 그로테스크한 미학도 엿보인다. 하지만 모더니즘의 경우, 시인이 사회 외부에 있는 지식인의 입장에서 문명 비판을 추상적으로 전개하는 면이 있다고 한다면, 심우기 시인의 경우엔 사회로부터 배제된 자의 입장을 가지고 비판을 전개하고 있는 듯이 보인다. 「이종 격투기」에서 격투기에 패배한 자가 시적 화자로 나와 이 사회의 폭력성을 진술하고 있는 것을 보면, 시인이 어떤 입장에 서려고 하는지 짐작할 수 있다. 그 시에서 격투기의 패배자는 자본과 싸움을 벌였다가 패배한 사람들을 가리키고 있다. "고공 농성에서 내려오는 발걸음이 휘청인다"라는 시행이 이를 드러낸다. (알다시피 최근 한국에서 자본과 싸워야 했던 사람들이 목숨을 걸고 절박하게 선택한 투쟁 방법이 고공 농성이었다) 고공 농성을 하면서 내건 요구조건들이 받아들여지지 않고 결국 싸움에 져서 내려와야 했던 노동자들이 바로 그 시의 화자인 "목이 조이거나 팔이 꺾여 뼈가 우걱우걱 부러지는 소리"를 들어야 했던 격투사라고 할 것이다. 그래서 "눈물보다 피가 먼저 튀기는 것이 이 게임의 규칙"이라는 구절은 바로 우리가 살고 있는 사회의 잔인한 규칙을 의미한다. 즉 사람들을 쓰러진 이들로 만드는 우리 사회는 "온 사방이 바닥"으로 나타난다.

심우기 시인의 모더니즘적인 도시 문명 비판은, 이러한 패배자의 시선을 통해 이루어진다. 특히 아래의 시가 이를 보여준다.

추방자들이 더는 발 디딜 곳도 없는 해안선
여자들이 길게 뻗은 허벅지를 햇볕에 노출하며 걷는 거리
온종일 달구어진 아스팔트 거리를 걷는다
네모난 상자의 집들 사이로 살아 있는 생명을 찾아 기록하

는 노숙자
힐끗 엿보는 눈동자 뒤로 의식의 뒤통수 돌아본다
값비싸 보이는 명품 뒤로
비틀거리는 빌딩 기우는 간판
어떠한 폭탄도 쏟아지지 않는 도시에서
수많은 사람이 피 흘리며 실려간다
패배자란 낙인을 가지고 사라지는 사람
변두리의 노점에 달라붙지 않는 행운처럼
그릇도 떨어져 깨지지 않고
초침은 가지만 시침은 움직이지 않는 시계가 시청 중앙탑에 걸려 있다
보기에는 아름다운데 탈 수 없는 유람선
푸르게 잘도 컸는데 밟을 수 없는 잔디
유명하고 훌륭하지만 만질 수 없는 악기들이 전시회에 많다
양분을 잃은 굳어진 땅엔 한 삽도 들어가지 않는다
이너 서클 회원만 가는 커다란 교회에서 종이 울린다
십자가에 붉은빛이 들어온다
도시에 내리는 어둠과는 아무 관련이 없다

—「미스터 엘리엇, 무엇을 할까요?」 1연

시 제목에서도 알 수 있듯이, 이 시는 모더니즘 장시를 통해 보수적인 입장에서 근대 문명 비판을 시도한 T. S.

엘리엇을 염두에 두고 쓴 시이다. 그러나 엘리엇에게 시니컬하게 "무엇을 할까요?"라고 묻는 문장의 제목에서 짐작할 수 있듯이, 엘리엇의 구원책(종교)을 시적 화자는 받아들이지 않는다. 그것은 시적 화자가 이 사회의 외부에서 사회 전체를 조감하는 지식인의 입장에서가 아니라 사회 내부에 살고 있는 "패배자란 낙인을 가지고 사라지는 사람"의 입장에서 도시 공간을 투시하고 있기 때문이다. 그의 눈에 투시된 도시는 물신성의 사물들이 점령하고 있는 것으로 나타난다. 아름다운 유람선은 탈 수 없는 것이며 잘 조성된 잔디밭은 밟을 수 없다. 진열되어 있는 훌륭한 악기들은 만질 수 없는 것이며, 민중의 구원을 약속하는 교회는 "이너 서클 회원만" 들어갈 수 있을 뿐이다. 패배자는 저 근대적 생산물로부터 소외되고, 그 사물들은 물신처럼 고고하게 그들 위에 군림한다. 상품으로 존재하는 도시의 사물로부터 소외된 자에게는, 마르크스가 언급한 상품의 물신성이 드러나 보이는 것이다. 소외된 자야말로 물신의 사물과 자신의 관계를 예민하게 인지하게 되기 때문일 테다. 더 나아가 그는 그 소외의 관계 뒤에는 '이너 서클'의 권력이 있다는 것을, 그리고 그 권력이 출입할 뿐인 교회 십자가의 불빛이 "도시에 내리는 어둠과는 아무 관련이 없"다는 것을 씁쓸하게 인식하게 된다.

사물과의 관계에 민감한 소외된 자들은, "힐끗 엿보는

눈동자 뒤로 의식의 뒤통수 돌아본다"는 구절에서 볼 수 있듯이 사람 사이의 관계에서도 역시 소외의 관계를 느끼게 된다. 물신성의 세계 아래에서는 사람 역시 사물화 되기 때문에 사람과 사람 사이 역시 소외의 관계에 놓여 있게 된다. 그런데 이는 한편으로 사회가 패배자를 양산하면서 서로가 서로를 경쟁상대로 만들기 때문이기도 하다. 경쟁이 일반화된 사회에서 사람들은 상대방이 언제 나의 뒤통수를 칠지 모른다는 의심 속에서 살아간다. 그래서 사람들의 내면에는 분열이 일어난다. 사람들은 마음에 불신을 품지만 겉으로는 예의 바르게 행동해야 하는 것이다. 그래서 그들은 상대방을 정면으로 보지 못하고 힐끗 엿보면서 뒤통수로 의식한다. 그렇기에 겉은 번지르르한 이 물신성의 도시는 인간성을 파괴하고 병을 양산한다. 하여, "어떠한 폭탄도 쏟아지지 않"지만 "수많은 사람이 피 흘리며 실려간다"는 구절이 억지스럽지 않다. 시인에 따르면, 이 도시의 "양분을 잃은" 땅은 "한 삽도 들어가지 않"을 정도로 굳어져서 어떤 것도 생산할 수 없는 지경이 되었다. 화려한 겉모습과는 달리 속 깊이 경직화된 이 도시는 "초침은 가지만 시침은 움직이지 않는" 시간을 살아간다. 도시의 시간은 빠른 변화를 강제하지만 삶의 변화를 가져오지는 않는다는 의미이리라. 그리고 이러한 시공간에서 빌딩은 비틀거리고 있다. 시적 화자는 물화의 극에 다다른 도시에서, 어떤 붕괴 조짐을 보고 있는 것이다.

2

「미스터 엘리엇, 무엇을 할까요?」는 모더니즘적인 시의 전형적인 문명 비판을 보여주면서도, 상품으로부터 소외되어 있는 자의 입장으로부터의 비판이라는 점이 주목된다. 심우기 시인이 소외되고 억압된 자의 입장에서 생각하고 있다는 것은 「그들은」이라는 시에도 나타난다. 그 시에서 시인은 역사 속에서 체제에 의해 희생된 자들을 호명하고 있다. 그들은 "왕 무덤의 부장품"이 되어야 했던 "동정의 여자아이", 조상 대대로 "주인을 섬기는 개와 같은 운명"을 살아야 했던 노비, "총탄과 식량을 나르던 한 마리 나귀"와 같은 처지에 놓인 부역자, "첨단의 보안 시설이 깔리면 자신은 정작 들어갈 수 없는 벽이" 되는 노동자, "대출과 이자로 평생의 빚 한 짐 싣고 가는 수레바퀴" 신세가 된 소시민 등이다. 그들은 언제나 "고향 흙 한 줌"을 그리워하면서 착취 받고 고통 받다가 스러져야 했던 자들이다. 이렇게 억압받는 자의 입장에 서 있는 자에게 사회와 역사는 폭력적인 괴물이며 그 속의 삶은 고통스러운 것으로 나타난다.

시인은 그들 민중들을 「銀魚」에서 가을에 강 하류에서

알을 낳고는 죽는 은어로 형상화하기도 한다. 이 시에서 '강'은 역사의 흐름을 의미할 것인데, 그 강은 "은어의 숨을 거둬가"는 동시에 자신도 "몸 뒤척이며 신음하"며 흘러가고 있다. 그러나 은어의 죽음은 "어린 투명한 알들"을 낳으면서 이루어진다. 그렇기에 그 죽음은 '新生'을 낳는 것이기도 하다. 그렇지 않다면 역사의 흐름 자체가 이루어질 수 없을 것이기도 하다. 하지만 그렇게 새로 생명을 얻은 은어들 역시 은어의 운명에 따라 죽어야 하지 않겠는가. 그렇기에 「은어」은 희망적인 장면이나 '전망'을 보여주면서 끝나지 않는다. 이 시의 마지막 연은 "물고 뜯는 괭이갈매기 울음만/강물이 두 손으로 입 틀어막고 꾸역꾸역 삼킨다"는 문장으로 끝나는 것이다. "물고 뜯는" 처참한 과정은 계속될 터이며, 역사는 그 과정에서 터져 나오는 울음을 "꾸역꾸역 삼"킬 뿐이다. 시인은 역사의 희생자가 되는 민중의 입장에 서지만, 쉽게 희망이나 낙관을 품지 않는 것이다. 시인의 현실 인식은 "새는 보이지 않고/꽃밭에서는 울음만 피어난다"(「첫사랑」)는 구절에서 잘 나타난다. 다시 되돌릴 수 없는 첫사랑처럼, "꽃밭에 숨"(같은 시)은 "쑥국새 한 마리"는 다시 날아오르지 않는다. 우리가 살고 있는 이 시대에서, 숨어버린 사랑은 보이지 않고 울음만이 피어오르고 있으며, 강(역사)은 그 울음을 꾸역꾸역 삼키고 있을 뿐이다. 이러한 비관적인 현실 인식은 우울한 정서에 침윤되어 있는 아래의 시에서도 감지할 수 있다.

봄날의 기후는 코와 목에 먼저 자리 잡는다
무슨 말을 할 때마다 목소리는 칼칼했고
코는 막혀서 맹맹이 소리만 내었다
막혔던 혈로가 뚫린 듯
나무는 수맥을 틔웠지만
감기 걸린 몸은 흐느적댄다
비틀거리는 신발이 황급히
두 발을 신고 넘어가는 태양을 잡아보지만
뒤돌아보지 않는 것이 계절의 법칙이다
어둠에 밀려가는 노을처럼
헛헛한 생각이 물끄러미 찾아들었다
빈 바지랑대는 바람이 둘둘 말려 빙글빙글 대었다
찬 손가락 끝과 발끝이 서로 붙잡고
비벼보지만 온기와 냉기의 경계 지점
이 시기에는 모든 것이 낯섦이다
아이들은 마른 호흡에 기침을 달고 살고
어른들은 눈만 내밀고 먼지를 뒤집고 다닌다
죽음은 너무 빈번해서
놀라움이나 슬픔은 흐린 시야만큼 서늘하다

비워가는 자리를 다음의 계절이 채워가는 동안
솜털이 단단한 가시가 되었다
늙어버린 것은 몸이 아니라 마음이었다
절뚝대는 다리 한쪽이
넘어가는 환절기 뒤꽁무니를 따라간다

—「환절기」 전문

시인은 봄으로 들어서고 있는 환절기에 걸린 감기를 안고 살고 있다. "봄날의 기후"에 "나무는 수맥을 틔웠지만" 시적 화자의 "감기 걸린 몸은 흐느적"대고 있는 것, 여기서 '감기'는 첫사랑의 시간을 잃어버린 이의 증상이다. 흐느적대고 비틀거리는 몸은, 사라지고 있는 뜨거운 그 무엇—'태양'—을 잡아보려고 하지만 잡지 못하는, 감기 걸린 자의 심적 상태를 표현한다. 하나 시적 화자의 희구에도 불구하고 계절은 "어둠에 밀려가는 노을처럼" 뒤돌아보지 않고 사라질 것이다. 꽃밭에 숨은 새가 다시는 보이지 않는 것처럼, 사라진 계절은 뒤돌아보지 않는다. 그런데 그렇게 한 계절이 어둠에 밀려 사라지고 있는 환절기에는, 시적 화자만 아픈 것이 아니다. 그 환절기에는, 아이들은 "기침을 달고 살고" 어른은 "먼지를 뒤집고 다"녀야 한다. 그렇기에 이 시기엔 "죽음이 너무 빈번"한 것일터, 죽음이 이렇게 빈번하니 사람들은 죽음과 맞닥뜨려도

놀라거나 슬퍼하지도 않게 될 것이다. 하여, 사람들에게 "놀라움이나 슬픔은" 서늘한 무엇으로 느껴질 것이다. 다만 죽음을 퍼뜨리는 "봄날의 기후"가 두려운 사람들은 타인에 대한 감응력을 잃고 솜털마저도 단단한 가시로 만들어 타자로부터 자신을 보호할 것이다.

이 시에서 이렇게 음울하고 암울한 모습으로 나타나고 있는 '환절기'란 바로 우리 시대의 현 상황을 상징하고 있다는 것을 우리는 능히 짐작할 수 있다. 현 시대에서 사람들은 코가 막혀 칼칼한 목소리로 "맹맹이 소리만 내"며 살아가야 한다. 모두가 혈로를 찾지 못한 채 죽은 듯이 살아가야 하는 삶, 무엇인가에 가로막혀 더 나아가지 못하는 갑갑한 삶을 살아가야 하는 것이 현재의 우리 시대인 것이다. 여기서 지난 몇 년 동안 한국 정치와 사회에서 벌어진 일들을 떠올리게 되는 것은 자연스럽다. 이 시에 나타난 시인의 상황 인식 역시 비관적이다. 하지만 그렇다고 이 시에서 시인이 절망하고 있지는 않는 듯하다. 환절기는 곧 다른 계절로 넘어간다는 것을, 완연한 봄이 결국 올 것이라는 것을 의미하기도 하기 때문이다. 시인에 따르면, "온기와 냉기의 경계 지점"인 환절기에는 "모든 것이 낯"설다. 이 '낯섦'(소외)이 상황을 더욱 비관적으로 보도록 만드는 것이겠지만, 한편으로 상황을 이전의 익숙한 시각과는 다른 시각으로 볼 수 있는 여지를 마련한다. 현대사회가 가져오는 '소외'는 부정적인 결과만 가져오지는 않는다. 소외되었기 때문에 현실을 비판적으로 볼 수 있게 되기도 하기 때문이다. 그렇기 때문에 시적 화자는 마음이 늙어버렸음에도 불구하고 환절기를 넘어가려는 욕망을 포기하지 않는 것 아니겠는가. 그는 "절뚝대는 다리 한쪽이/넘어가는 환절기 뒤꽁무니를 따라"가고 있는 것이다.

3

이 시대에서 주체성을 형성하기 위해서는 기어코 '환절기'를 극복하려고 하는 "절뚝대는 다리 한쪽"의 존재를 자기 자신으로부터 찾아내고 가동해야 한다. 이 시집의 주제는 그러한 주체성을 형성하기 위한 고투라고 생각된다. 심우기 시인은 주체성을 형성하기 위한 동인—"절뚝대는 다리 한쪽"과 같은—을 자기 자신으로부터 찾아내고 가동하기 위해 시적 상상력을 발동한다. 상황을 돌파하면서 살아나갈 수 있는 힘을, 어떠한 '거짓 희망'을 통해서가 아니라 삶에 내재적인 잠재성을 시 쓰기를 통해 찾아내면서 확보하고자 하는 것이다. 이는 바깥의 관념으로부터 그 힘을 얻는 것이 아니라 철저하게 자기 삶의 내재성으로부터 얻으려고 하는 것이기 때문에, 비관적인 상황에서 그 주체성 형성의 동인을 찾는 일이란 결코 쉽지 않다. 앞의 시에서 보았듯이, 현 상황에서 희망이나 전망은 전혀 보이지 않으며, 주체는 심한 감기에 걸려 비틀거리고 있다. 현 상황에서 주체는 삶을 스스로 형성하는 주체성을 잃어버린 상태다. 그래서 주체성의 동인을 현재(顯在)해 있는 무엇에서 찾아내기 힘들다. 시인은 이 상황을 왜곡하지 않고 정직하게 인정하고 있다.

시인이 '그림자'에 주목하는 것은 이 때문일 것이다. 그는 마치 "절뚝대는 다리 한쪽"처럼 자신을 끌고 가는 무엇이 존재하고 있음을 그림자에서 발견하게 된다. "한발 먼저 가는 그림자가 이제 나를 끌고서/조용히 간다"(「조용한 심판」)는 진실의 발견. 그 발견은 더 나아가 자신이 "그림자의 그림자"(같은 시)라는 인식으로 나아간다. 자신의 몸이 그림자의 주인이라고 생각해 왔지만, 알고 보면 그림자가 자신의 몸을 그림자처럼 이끌고 있다는 인식. 자신의 삶에 한갓 종속되어 있다고 생각했던 그림자가 사실은 자신의 삶을 이끌고 있었다는 인식 전환은, 주체가 주체성이 박탈되어 있음을 느끼면서 '낯섦'(소외)을 겪어야 했기 때문에 가능했을 테다. 주체성이 박탈되고 있음을 감지하지 못하는 자, 소외를 느끼지 못하는 자는 삶의 동인이 되는 그림자에 대해 인식하지 못한다. 그러나 "무대 위에 혼자 서 있는 피에로처럼/수형을 찬 죄수처럼 조심스럽게 걷게" 되는 자는 "스스로 심판받는 사람처럼/자기보다 훨씬 긴 그림자를 끌고"(같은 시) 가고 있음을, 더 나아가 그 그림자가 나를 끌고 가는 것임을 인식할 수 있게 되는 것이다. 소외된 자의 그림자는 길기 때문에, 상대적으로 소외된 자는 소외되지 않은 자보다 그 그림자의 존재를 인식하기 쉽기 때문이다.

이 '그림자'란 삶의 심부에 있는 무엇, 무의식적인 무엇임을 우리는 능히 짐작할 수 있는데, 아래의 시는 '그림자'에 대한 이러한 인식을 심화 확장하고 있다.

그림자 비친 바닥을 긁고 긁어내도 없어지지 않는
손안에 담고 싶어도 담아지지 않는
무게 없는 존재
절대 사라지지 않는 또 다른 영혼의 무게

나무의 그늘
구름의 그늘
돌의 그늘
영혼의 다른 이름들

빛이 있는 한 사라지지 않는 그림자

타인의 발을 빌리지 않고도

몸을 늘려가 길을 찾는 그림자
폴리페서의 우울한 얼굴에 그림자가 올라와 있다

운명은 마지막 하관,
순장의 길에 묵묵히 순응하는
배신하지 않는 동맹

갇혀 있던 그림자가
천천히 걸어 나오는 아침

—「그림자 환상」 부분

나무나 구름, 돌 등 세계의 사물들이 '그늘'처럼 지니고 있는 '그림자'는 "빛이 있는 한 사라지지 않는" '영혼'이다. 그것은 "무게 없는 존재"이지만 "영혼의 무게"를 지닌다. 그렇기에 그림자는 실체다. 영혼인 그림자는 "타인의 발을 빌리지 않고도" 스스로 자신의 몸을 늘리고 길을 찾아나간다. 물론 우리가 죽음에 이르렀을 때 영혼도 사라질 것이다. 하지만 시인은 그것이 영혼이 우리의 삶에 종속되어 있기 때문이라기보다는 '동맹'을 배신하지 않고 "순장의 길에 묵묵히 순응하"기 때문이라고 말한다. 즉 우리의 운명이 "마지막 하관"에 이르게 된다면, 영혼은 주체적으로 이와 동행하여 사라진다는 것이다. 결국 의식은

이 무의식적인 영혼을 따라가는 "그림자의 그림자"인 것이다. 그래서 그림자가 길을 찾기 위해 길어지면 의식 역시 커질 수 있다. 그러므로 자립적인 무의식적인 영혼의 존재를 인식하고 그 영혼을 해방시킬 때 의식의 영역 역시 확대될 수 있을 것이다. 또한 시적 화자가 그림자의 실체성과 주체성을 인식했기에 비로소 "갇혀 있던 그림자가 /천천히 걸어 나"올 수 있게 된 것일 터, 이러한 영혼의 해방은 삶의 주체성을 회복하는 첫걸음이라고 할 수 있을 것이다. 이리하여 시인은 삶을 주체적으로 이끌 수 있는 동인을 그림자에서 찾아낸 것인데, 그는 이 검은 영혼에 대해 시집 제목에 나오는 단어인 '검은 꽃'이라는 이름을 부여하는 듯하다. 표제시 「검은 꽃을 보는 열세 가지 방법」의 후반부를 다시 읽어보자.

6

검은 꽃은 겨울에 핀다
흰 눈과 대조를 이루며
얼어 죽어가는 것을 위로한다

7

검은 꽃을 좋아하는 이유는
생소하고 희귀하니까

아니 빛깔인지 꽃말인지

8

꽃이 피지 않는 정원을 뒤엎는다

목이 잘린 꽃대 속

흑빛이 배어나온다

9

부유하는 이야기처럼

현실에 존재하지 않는 천년의 사랑

없는 것을 말하기 좋아한다

10

어둠을 타서 마신

아무도 기억하지 못하는 죽음과도 같은 최면

기억은 잠시다

11

도저히 지상으로 올라오지 않던

지하의 꽃

꽃도 잠시다

12

도시 곳곳 피어나는 검버섯처럼
도처에 번지는 소문들
내 눈에 검은 꽃이 피고 있음을
시력을 잃고서야 안다

13

열두 번의 계절이 가고
열세 번째 달
다리가 하나인 새가 난다
지상에 비친 자기 그림자를 동경하며
태양은 꽃을 피운다
반년의 흑야에 피는 꽃

우리의 독서에 따르면, 이 시는 우리에게 잠재되어 있는 영혼인 그림자('검은 꽃')의 현실화 과정을 보여주고 있는 것으로 보인다. "흰 눈과 대조를 이루"는 '검은 꽃'은 대지를 덮은 눈 밑에서 "얼어 죽어가는 것을 위로"하는데, '검은 꽃'의 '흑빛' 자체가 죽음으로부터 "배어나온" 무엇이다. 그것은 "목이 잘린 꽃대 속"에 내장되어 있었던 것이다. "지상으로 올라오지 않던/지하의 꽃"이며 "어둠을 타서 마신/아무도 기억하지 못하는 죽음과도 같은 최면"인 '검은 꽃'은, 하나 현재화 된다면 "꽃이 피지 않는 정원을 뒤엎"을 수 있는 전복성을 지니고 있다. 누군가 "현실에 존재하지 않는 천년의 사랑"을 이야기할 때 대지 밑에서 죽은 것들을 위로하고 있던 그 죽음의 꽃이 기지개를 켤 것이며, 곧 "정원을 뒤엎는" 전복이 이루어지리라는 "소문들"이 '검버섯처럼' "도시 곳곳 피어나"기 시작하고는 "도처에 번지"게 될 것이다. 도시 곳곳에서 지금 "검은 꽃이 피고 있음"은 "시력을 잃고서야" 알 수 있는데, 그 사건은 겉으로 드러나지 않는 잠재성 속에서 이루어지기 때문일 터이다. 다시 말하면, 눈앞에 빛이 사라졌을 때에야 감지할 수 있는 '검은 꽃'의 개화는, 잠재되어 있어 보이지 않았던 죽음과 사랑이 점차 현실화되는 과정이라고 할 수 있을 것이다.

시인은 이 '검은 꽃'이 지상에 피어날 때, 현실에서 그 전복이 이루어질 때를 "열세 번째 달"이라고 말한다. '13월'이란 물론 우리의 달력엔 존재하지 않는다. 13월은 우리의 순환적인 계절을 찢으면서 나타난 시간, 전복적이자 악마적인 시간이다. "환절기 뒤꽁무니를" 쫓아가던 '다리 한쪽'이 이제는 "다리가 하나인 새"로 변모하여 하늘로 날아가는 기이한 시간이다. 만물에 빛을 비추어주는 태양이 "자기 그림자를 동경하며" "꽃을 피"우는 시간이다. 그리하여 꽃은 그림자가 만물을 뒤덮은 '흑야'에서 피어난다.

(그렇기에 그 피어나는 꽃은 "시력을 잃고서야" 알 수 있는 것이리라) 그런데 심우기 시인에게 '그림자'란 삶의 주체성을 회복할 수 있게 하는 동인 아니었던가? 그 무의식적인 무엇인 검은 영혼이 해방될 때 삶 역시 해방될 것이라고 그는 보지 않았던가? 그렇기에 저 묵시록적인 분위기를 띠고 있는 환상적인 장면은 부정적인 의미를 지니는 것이 아니리라. 대지에 묻힌 죽은 자들, 희생된 자들의 영혼, 그 그림자들이 지상 위로 번져 나와 현실에는 존재할 수 없었던 천년의 사랑, 그 "부유하는 이야기"가 현재화되는 장면이라고 할 것이다. 그것은 겨울을 벗어나는 동시에 순환의 회로를 파열하는, 재생이자 사건의 시간이 현재화되는 장면이다. 심우기 시인은 이 장면을 상상하면서 혁명을 생각했을 수도 있겠다. 그 혁명은 현실 세계에 일어나는 무엇일 수도 있겠지만 한편으로 시인, 더 나아가 우리 내면에서 일어나는 주체성의 혁명을 의미하기도 할 것이다.

4

태양이 "자기 그림자를 동경하며" "꽃을 피"우는 '검은 꽃의 개화'가 주체성의 재생이자 혁명을 의미하는 사건이라고 할 때, 그 사건은 의식(빛)이 무의식을 뒤따르는 동시에 현실성이 잠재성을 뒤따를 때 이루어지는 것이라고 하겠다. 죽음을 품음으로써 재생하는 그러한 개화를 심우기 시인은 '검은 꽃'이라는 매우 추상적인 이미지를 통해 전개했는데, 그러나 「보아라, 감자꽃」에서는 '감자꽃'이라는 좀 더 현실적이고 구체적인 이미지를 통해 "세상의 꽃들"이 개화하는 과정을 보여주고 있다. 시인은 그 시에서 "살을 도려"내서 "죽은 살을 파헤치고 생살을 들어"내어 "보슬보슬한 흙에 묻어"둔 후 "긴 어둠의 시간이 흐르고서야" 겨우 피어나는 감자꽃을 보여준다. 시인에게 감자꽃의 개화는 "흐르는 피와 상처 속에서" "썩고 짓물러진 몸의 한 귀퉁이/발아의 기억을 살려 어둠 속에서 푸른빛을 돋아"내면서 틔어낸 사건이다. 죽음과 같은 어둠과 고통의 시간을 견디어냈기 때문에, '감자꽃'은 '푸른빛'의 생명으로 피어날 수 있었던 것이다. 이제 시인은 그렇게 틔어낸 "단단한 저 싹들"이 "세상을 뒤덮을 것"이라고 믿는다. 비관주의는 여기서 낙관주의로 전환한다. 그러나 이러한 개화에는 전제 조건이 있는데, "썩은 내가 진동"하는 "비닐봉지 안"이라는 갇힌 세계로부터 "누군가의 손을 거"쳐 죽은 살을 도려내질 수 있어야 한다는 것이 그것이다. 그렇지 않다면 그 "갇힌 세계에서 키워낸 꿈들과 희망이란" "종내 말라 비틀어져 죽은 뿌리의 단단한 껍질"에 불과하게 되리라는 것이다.

「뼈」라는 시를 보면, 시인은 현재 자신의 삶이 “비닐봉지 안”과 같은 갇힌 세계에서의 삶과 유사하다고 생각하는 듯이 보인다. 이 시에서 시적 화자는 “늑골의 뼈 한 토막을 만지작거리”면서 “뼈와 나와의 거리를 가늠”하고 있다. “햇살에 말린 일 없는 기억이 아득”한 ‘나’에게서 그 거리는 마치 비닐봉지 안처럼 어둡다. 그 속에서 “물렁뼈에 가죽처럼 일어서 본 적 없는 나는” 반란을 꿈꾸지 못했다. 그러나 이에 대조적으로 풀은 “꺾여도 일어”서면서 “조각난 뼈를 다시 세우는” “징그러운 악착”을 보여준다. 그 악착은 “햇볕에 그을리고 흙에 치이며 바람에 살이 까”이는 “해녀의 거친 숨비소리”와도 같다. 햇볕과 바람을 견디어내는 그러한 악착을 본받기 위해서는 “단단한 씨알로 돌아”가서 어둠의 흙 속에 몸을 묻을 수 있어야 한다. 우리는 여기서 심우기 시인의 시세계가 지닌 일관성을 볼 수 있는데, 한편 그가 풀과 같은 식물의 이미지를 통해 훼손된 주체성을 다시 형성하는 힘을 찾아내어 드러내려고 한다는 것을 짐작할 수 있다. 그런데 부드러운 식물성으로부터 “밟기에는 날카”로운 ‘뼈’라는 광물적이자 동물적인 이미지를 끌어내면서 그 힘을 찾아내고 있다는 점이 특징적이다. 이 식물이자 동물적인 ‘뼈’의 이미지는 아래 시에서와 같이 ‘흰 자작나무’라는 이미지로 변형 응축되어 나타나기도 하는데, 이 시에서 식물적 이미지와 동물적 이미지는 다음과 같이 융화되어 현현한다.

겨울의 재 속
뒹굴던 뼈에 살이 오른다
동면의 시간을 깨고 죽음을 흔든다
깊은 대지의 속을 깨고 나온 푸른 촉들이 번들거린다

알을 깨고 나온 어린 새가 고요를 쪼고 있다
숫총각과 숫처녀의 첫사랑은 수줍다
그렇게 산은 수줍게 흔들린다
바람과 햇살은 조연으로 들러리다

굳었던 손가락을 펼쳐라
마비되어 절뚝이던 다리를 버려라

얼었던 나무에 생기가 돈다
기름기 하얗게 흐르며 타던 장작의 시간을 떠올린다

멈췄던 호흡을 다시 깨워
몸을 일으켜 다시 걸어라
북극의 쥐들이여

숲에 살던 늑대와 유령은 봄 채비를 한다
겨울잠이 꽃으로 바람에 떤다

—「흰 자작나무에 살이 오를 때」 전문

위의 시에서 시인은 신생의 시간에 일어나는 일들을 상상하고 묘사한다. 자작나무의 "뒹굴던 뼈에 살이 오"르면서, 겨울 내내 눈 속에 묻혀 죽어 있던 주체는 "죽음을 흔"들면서 다시 살아나기 시작한다. '푸른 촉들'로 상징되는 자작나무의 생명력이 "깊은 대지의 속을 깨고 나"오면서 '번들거'리고 "얼었던 나무에 생기가" 돌기 시작하는 것이다. 알을 깨고 나오는 어린 새에서 볼 수 있듯이, 식물뿐만이 아니라 동물도 새로이 태어나기 시작한다. 아니 세계 전체가 새로이 삶을 살아가기 시작한다. 산 역시 첫사랑에 빠진 것처럼 "수줍게 흔들"리고 있지 아니한가. 산 속 "숲에 살던 늑대와 유령"조차도 "봄 채비를" 하고 있는 것이다. 시적 화자는 이러한 세계의 재탄생을 바라보고 있는 자들에게 겨우내 굳어졌던 몸을 풀라고 명령한다. "굳었던 손가락을 펼"치고 "마비되어 절뚝이던 다리를 버"리라고 말이다. 그는 "북극의 쥐들"에게도 "멈췄던 호흡을 다시 깨워/몸을 일으켜 다시 걸"으라고 명령한다. 이렇게 이 신생의 세계에서는 죽음과도 같았던 "겨울잠이 꽃으로 바람에" 떨게 된다. 피어나는 꽃은 능동적인 행위

자가 되어 겨울잠을 쫓아내는 것이다.

이렇게 세계가 변동하고 있는 모습은 「뼈」에서처럼 봄을 맞이하는 현실을 묘사하고 있는 것이면서 동시에 주체의 내면에서 일어나는 변동을 알레고리로써 그려낸 것이라고 할 수 있을 것이다. 위의 시에서 동물들과 더불어 새로이 태어나고 있는 자작나무는 동물처럼 활동적이고 능동적인 이미지들로 나타나고 있는데, 그것은 신생하는 주체성의 활력을 드러낸다고 하겠다. 그런데 이 "기름기 하얗게 타던 장작의 시간"을 가졌던 이 '뼈–자작나무'의 주체성은 「허물벗기」에서 아예 '뱀'이라는 동물 이미지로 전화되어 나타나기도 한다. 그 시에서 시인은 "안식을 위한 시간"이자 "해방을 위한 아이온의 세계"인 밤이 되면, "꿈과 형체 없는 욕망이 자유롭게" 날면서 "굳어져가는 시간을 갉아 먹"고는 "육체는 비로소 허물을 벗고" "어제의 나는 죽고 새로운 내가 탄생한다"고 말하고 있다. 그 '새로운 나'가 바로 뱀이다. (이 신생의 이미지는 「죽음의 잠」에서 "거뭇한 실패의 뼈만 남아 구"르다가 번데기가 된 후 "날기 위한 날개를 펼"치는 '누에나방'의 형상으로 나타나기도 한다) 그 뱀은 새로이 살이 붙은 뼈—자작나무의 장작—가 동물의 이미지로 전화된 형상이라 하겠는데, 그것은 또한 무의식이 개방되고 욕망이 해방된 존재로 탈바꿈한 주체성의 형상이다.

이렇게 새로 탄생한 주체성은 "시간의 바퀴에 휘감긴 물뱀"처럼 "몸이 찢겨도 그의 본성을 잃지 않"으며 "죽어도 한 번 문 것을 놓지 않는"(「새들의 저녁」), 마치 풀처럼 악착같은 무엇이다. 시간의 순환을 넘어서는, 더 나아가 죽음을 넘어서는 이 '뱀'은 13월의 시간을 사는 악마와 같은 형상이라고도 할 수 있다. 다음과 같이 말이다.

일요일 한낮
풀베기하던 농부 손에 걸린 한 마리 뱀
머리 꼿꼿이 들고
혀 날름거리며 쏘아대는 눈빛 독하다

뾰족한 두 이빨에
심장을 멈출 맹독을 모으고
숨겨둔 날개로 일어서려던 찰나
한 자의 낫에 잘린 뱀 모가지

캄캄해진 뱃속 사방을 더듬다
몸통에서 뿜어져 나오는 검붉은 불, 일렁거리는 대지
꿈틀거리는 비늘마다
불처럼 피가 솟아오르다 가라앉는다

잘린 머리 길섶에 떨어져
보지도 못하고 울지도 못하는 몸뚱이
몸을 덮던 전신 갑주 일제히 요동치며 떨어진다

낫의 날에서 떨어져 내리는 빛나는 불
피를 머금은 땅에서 불꽃이 올라
숲을 태우고 강을 태우고 하늘을 태운다

—「하와를 꼬드기던 한 마리 뱀」 전문

시인이 원하는 뱀으로의 변모란, 이렇듯 "농부 손에 걸렸으면서도 "머리 꼿꼿이 들고/혀 날름거리며 쏘아대"며 굽히지 않는 당당함의 확보를 의미하는 것일 테다. 그 뱀은 결국 머리를 잘리고 말았지만, "몸통에서 뿜어져 나오는 검붉은 불"인 그 솟아오르는 피는 대지를 일렁거리게 만든다. 뱀의 독성을 만든 것은 바로 저 피, "검붉은 불"이었던 것이리라. 하여 그 피를 머금게 된 땅 역시도 뱀과 같은 존재가 되고는, "땅에서 불꽃이 올라/숲을 태우고 하늘을 태"우게 되는 것이다. 죽음으로 세계를 태울 수 있는 불꽃같은 피를 가진 존재, 그 "하와를 꼬드기던" 악마 같은 주체가 바로 저 뱀의 정체다. 그래서 대지를 일렁이게 만드는 뱀의 피는 독과 같은 것이겠지만, 그것은 "독(毒)이기도 하고 약(藥)이기도 한"(「아름다운 독(毒)」) 무엇이다.

"독은 독으로써 죽"일 수 있는 것이며, 그래서 아이러니컬하게도 독은 "죽음도 멈추게"(같은 시) 할 수 있기 때문이다. 시인은 아마도 뱀이 품고 있는 맹독을 그 '아름다운 독'이라고 생각했을 것이다. 그 맹독이 들어 있는 뱀의 피는 세계를 태우는 동시에 정지해 있던 세계를 불꽃으로 활성화하는 무엇이기 때문이다. 그렇다면 뱀이 품은 '아름다운 독'은 세계에 불꽃을 일으키며 반란을 일으킬 수 있는 주체성을 형성하는 동력이라고 하겠다. 뱀처럼 그 맹독을 모을 수 있을 때, 주체의 죽음을 넘어 새로운 반란적인 주체가 다시 태어날 수 있게 될 것이다.

5

지금까지 읽은 바에 따르면, 이제 시인은 자신을 반란적인 주체로서 새로이 형성하기 위해서는 뱀의 피와 같이 독성 강한 동물적인 피를 지닐 수 있어야 한다는 생각에 이르렀다. 사막과 같이 삭막한 이 포스트모던 자본주의 세계를 돌파해 나갈 수 있는 주체성은 바로 그러한 야성적인 피를 가질 때 형성될 수 있을 것이다. 그 독한 피—주체성 형성의 힘—는 야성적인 '동물혼(動物魂, 마테오 파스퀴넬리의 책 제목)'으로부터 생길 것인데, 그래서 시인의 상상력은 다음과 같이 '사막여우'라는 야생적인 동물의 형상에 도달하고 있다.

사막의 시작은 어디이고 어디가 사막의 끝인가

커다란 귀로 삼킨 사막의 열기가 밤으로 차가운 사막을 덥힌다

별보다 더 많은 모래가 바람의 문양으로 흘러
묻힌 모든 것이 모래로 변하여 숨을 쉬는 열사

숨은 전갈과 도마뱀을 물고 하루에도 수차례
폐허로 잠긴 성벽을 세웠다 무너뜨리는 반복이 교차한다

허상의 국경에서 압수 수색당하는 카라반 대열의 꼬리
굶주린 사막여우가 따라붙는다

바람의 냄새로 오아시스를 찾아 사막을 건너는 붉은빛 여우의 귀는 밝다

사막이 되지 못한 죽은 낙타의 등뼈에서 한 포대의 모래가 쏟아진다

파도 파도 퍼지지 않는 구덩이에 새끼들을 낳고 기르는 일과
척박의 바람이란 또 하나의 신기루를 쌓는 일

울어도 들을 자 없는 사막에서 울부짖음은 자신의 그림자를 밟는 일이다

침묵이 바람처럼 파고든다
몸 안의 말들이 모래처럼 슬어간다

허기진 여우의 검은 눈빛이 더욱 빛나고
지도와 경계가 의미를 잃어 모래 알갱이에 파묻힌다

작은 모래 한 알이 거대한 사하라를 옮긴다

—「사막여우」 전문

아마도 이 시는 이 시집에서 가장 거대한 스케일과 활기찬 상상력을 보여준 시 중의 하나일 것이다. 유장하게 읽히는 시이기에, 이 시에 대해 다른 말을 덧붙이는 것은 괜히 시를 감상하는 데 훼방을 놓는 췌언에 불과할 것 같다. 그러니 조금만 말을 덧붙이면서, 이젠 이 '해설'을 끝마치기로 하자. 저 사막도 역시 이 세계의 잠재적인 장을 의미하는 동시에 시인의 내면 공간을 의미하기도 할 것이다.

"별보다 더 많은 모래가" 흘러 다니는, 그래서 "묻힌 모든 것이 모래로 변하"는 열사의 사막. "허상의 국경"을 넘는 "카라반 대열의 꼬리"를 따라 "굶주린 사막여우가" "자신의 그림자를 밟"으며 그 사막을 횡단하고 있다. 그 여우는 고독하게 "울어도 들을 자 없는 사막에서 울부짖"는다. 여우의 이 울부짖음이 바로 '동물혼'에 이끌리면서 도달하고자 한 시인의 주체성 아니겠는가. "바람처럼 파고"드는 침묵 속에서 "모래처럼 슬어"가는 "몸 안의 말들"을 울부짖으며 모래 위에 적어가는 시인이라는 주체. 그러나 심우기 시인은 사막을 횡단하면서 여우가 떨어뜨리는 이 단어 하나, "작은 모래 한 알이" "지도와 경계의 의미를 잃"게 할 것이며 "거대한 사하라를 옮"길 것임을 알고 있다.

그렇게 '시인-여우'가 사막을 횡단하면서 "사하라를 옮"기는 과정에 끝은 없을 테다. 하지만 "북극해와 태평양이 서로 섞여"들면서 다시 "바닷속에 열린" "순례자의 길"(「순례자」)에 군말 없이 뛰어드는 '청어' 처럼, '시인-여우'는 그 사막을 묵묵하게 횡단할 것이다. 도시의 몰락을 투시하던 한 '패배자'는, 이렇게 여우의 영혼에 따라 형성될 어떤 시적 주체성을 발견하게 되었다. 지금 시인은 그 여우를 따라 시와 삶의 '사막'을 횡단하기 위해 행장을 꾸리고 있을지도 모른다.

이 도서의 국립중앙도서관 출판시도서목록(CIP)은 서지정보유통지원시스템 홈페이지 (http://seoji.nl.go.kr)와 국가자료공동목록시스템(http://www.nl.go.kr/kolisnet)에서 이용하실 수 있습니다.(CIP제어번호: CIP2013019113)

문학의전당 시인선 165

검은 꽃을 보는 열세 가지 방법

초판 1쇄 발행 2013년 10월 22일
초판 2쇄 발행 2014년 12월 10일
지은이 심우기
펴낸이 김석봉
책임편집 이현호
디자인 조동욱
펴낸곳 문학의전당
출판등록 제311-2012-000043호
주소 서울시 은평구 연서로11길 7-5 401호
편집실 서울시 마포구 공덕2동 404 풍림VIP빌딩 413호
전화 02-852-1977
팩스 02-852-1978
블로그 http://blog.naver.com/mhjd2003
전자우편 sbpoem@naver.com

ISBN 978-89-98096-46-5 03810

* 이 책은 서울문화재단 〈2012 예술창작지원-문학〉 지원사업의 지원을 받아 발간되었습니다.
* 이 시집은 〈2014 세종도서 문학나눔〉 도서에 선정되었습니다.